协同中前行

——通过案例谈重庆轮滑发展

孟现录　著

重庆第二师范学院科学技术协同创新平台资助项目

（项目名称：重庆市儿童体适能发展研究中心，项目编号：16XJPT02）

重庆市教育科学规划课题

（项目名称：学校学生体质健康管理指标体系构建研究，项目编号：2017-GX-345）

科学出版社

北　京

内 容 简 介

本书共分为4章。第1章主要介绍市级、区（县）级协会以及轮滑联盟协同发展；第2章是本书的重点，从家庭的需求、学校特色轮滑项目的打造以及俱乐部的运行三个方面进行介绍；第3章介绍协会、学校、家庭和俱乐部（品牌商）四个主体在赛事服务和培训交流方面的配合发展；第4章对协同中发展模式进行总结，并对重庆轮滑运动的发展进行展望。

本书以案例分析的形式，对“协同”的重要性进行了全面阐述。本书可作为推广轮滑运动和开展相关研究的人员的参考用书，同时可供从事轮滑运动教学的教师和教练参考。

图书在版编目（CIP）数据

协同中前行：通过案例谈重庆轮滑发展/孟现录著.—北京：科学出版社，2019.12

ISBN 978-7-03-027960-6

Ⅰ.①协…　Ⅱ.①孟…　Ⅲ.①滑轮滑冰-体育产业-产业发展-研究-重庆　Ⅳ.①G862.8

中国版本图书馆CIP数据核字（2018）第030891号

责任编辑：万瑞达 / 责任校对：马英菊
责任印制：吕春珉 / 封面设计：曹　来

科学出版社出版
北京东黄城根北街16号
邮政编码：100717
http://www.sciencep.com

北京虎彩文化传播有限公司印刷
科学出版社发行　　各地新华书店经销
*
2019年12月第　一　版　　开本：787×1092　1/16
2019年12月第一次印刷　　印张：10
字数：246 000

定价：68.00元

（如有印装质量问题，我社负责调换〈虎彩〉）
销售部电话 010-62136230　编辑部电话 010-62130874（VA03）

前　言

轮滑是一种竞赛项目，也是一种日常消闲的新兴运动项目。国内轮滑运动起步较晚，但由于轮滑运动普及快，其已被列为全国运动会比赛项目。轮滑在速度和技术运用上均有较强的特点，既可以个人单独练习也可以群体游戏，适合作为平时休闲运动，抑或朋友、同学之间举行的小型比赛项目。通过轮滑这项运动，人们可从平时紧张、繁重的学习和工作中解脱出来，达到放松身心的目的。轮滑是一项全身性运动，也是一项健康的有氧运动。它能促进心脑血管系统和呼吸系统机能的改善和代谢作用的加强，能增强臂、腿、腰、腹等各处肌肉的力量和身体各个关节的灵活性，特别是对人提升平衡能力有很大的帮助。

轮滑运动发展与推广，是一个协同配合前行的过程。本书主要从协会、家庭、行业、俱乐部和学校等在促进轮滑运动发展的层面谈“协同中前行”。

协会：承上启下

“承上”指完成业务主管部门、政府职能部门安排的任务；“启下”指与家庭、行业、俱乐部和学校进行对接与服务。

家庭：如鱼得水

因为“爱”选择了“轮滑”运动，期望孩子学有所获，倾“金”注“血”。

行业：锦上添花

品牌商在行业活动中宣传品牌、参与活动交流，协同协会、俱乐部、学校完成各类相应活动，让家庭和社会认知轮滑运动。

俱乐部：“与时俱进”

“与”：与政府、协会协作；与同行、学校协同；与家庭接洽融合；与俱乐部内部、外部接轨。

“时”：时代、市场需求同步；时间规划在前；处事效率提升；时间行为有效。

“俱”：观念意识“具”有；人力、物力“具”有；资质、资历“具”备。

“进”：进取精神；成果进步；事业稳进。

学校：增光添彩

在学校体育文化特色打造过程中，轮滑运动助其增光添彩。

同时，通过个别案例分析重庆轮滑发展，进一步说明协同发展的重要性。

目　　录

第1章　协会、联盟协作

1.1 引　言

轮滑兴起至今，得到了广大群众的推崇、青睐。

政府及相关职能部门在政策方面给予指导，协同其他各方推进轮滑运动发展。国家体育总局在第十三届全国运动会设置了轮滑项目，国家体育总局社会体育指导中心设有亚洲轮滑联合会和中国轮滑协会。中国轮滑协会是具有独立法人资格的非营利性全国群众性体育社会团体，是中华全国体育总会的团体会员，是代表中国参加国际轮滑组织的唯一合法组织。中国轮滑协会所管辖的轮滑运动项目包括使用各种滚轴类鞋、板等器材在各种场所进行的速度轮滑、花样轮滑、轮滑球和极限轮滑（滑板）以及经国家体育总局审定的归类项目的比赛、训练、表演、培训、健身、娱乐等活动。同时，国家体育总局与教育部从“体育系统”和“教育体系”同轨推进轮滑发展。首先，为了进一步推动轮滑运动的有序发展，培养全国高校和中小学校园轮滑项目的骨干师资，促进轮滑项目在各级各类学校的普及与推广，中国中学生体育协会和中国轮滑协会共同举办全国速度轮滑教师、教练员训练营和中国中小学轮滑教练员培训班。其次，推广轮滑进校园系列活动，自2012年教育部和国家体育总局联合开展阳光体育“轮滑神州”校园行活动以来，这项活动得到了全国各省、自治区、直辖市体育和教育部门的普遍支持，以及广大青少年轮滑爱好者的积极响应，成为全国轮滑运动的品牌活动。另外，中国轮滑协会与中国学生共同负责世界大学生夏季运动会轮滑项目参赛队选拔和参赛工作以及全国各类各级大中小轮滑赛事、论坛、轮滑公益助学活动和夏令营等。与此同时，教育部将轮滑运动列为九年义务教育的体育选修课。此外，中国轮滑产业研究院在浙江工商大学的成立成为轮滑运动向更加正规化、职业化迈进的重要里程碑。

在国家体育总局和教育部等相关职能部门的指导下，全国各级政府部门、协会等在轮滑推动上协同跟进。首先是“世界轮滑之都”——南京市。2014年12月，南京市政府与国际轮滑联合会签署了打造“南京·世界轮滑之都”的合作协议。此后，南京先后举办了多场丰富多样的轮滑活动，修建了速度轮滑场地，筹建了全球首座轮滑博物馆，组建了市速度轮滑队。2016年2月1日，国际轮滑联合会授予南京“世界轮滑之都”称号，南京成为第一个获得该荣誉称号的城市。2016年9月，南京成功举办了2016年世界速度轮滑锦标赛。2017年8月27日至9月10日，南京举办了首届世界全项目轮滑锦标赛，来自世界各地的4000多名运动员、教练员和随团官员会聚南京，共享轮滑盛宴，实现了世界轮滑大家庭的大团聚。其次是秦皇岛市北戴河区人民政府、丽水市人民政府、中宁县人民政府、武夷山市人民政府、承德市人民政府、西昌市人民政府、海宁市人民政府和克拉玛依市人民政府等与中国轮滑协会共同打造了轮滑赛事。另外，各级各类体育、教育主管部门以及协会在中国轮滑协会指导下积极开展轮滑运动。在重庆轮滑发展中，重庆市体育局和重庆市教育委员会在轮滑赛事、轮滑校园行活动、活动交流以及平台搭建等方面协作促发展。

1.2　市级轮滑协会

1.2.1　重庆市轮滑协会

重庆市轮滑协会会徽如图1.1所示。

图1.1　重庆市轮滑协会会徽

重庆市轮滑协会成立于1997年10月，其业务主管部门为重庆市体育局。《重庆市轮滑协会章程》规定了重庆市轮滑协会的业务范围：①组织广大群众，特别是青少年参加轮滑运动，增强人民体质，提高技术水平，并通过活动进行思想教育，树立良好的道德作风；②组织竞赛训练；③组织轮滑运动的科学研究和宣传工作；④组织本项目教练员、裁判员和体育指导员的学习、培训和考核，并协助有关部门做好职称评定工作；⑤ 协助有关部门做好轮滑场地规划、建设和管理工作；⑥ 开展轮滑运动知识、技术咨询工作。

自2012年起，重庆市轮滑协会在重庆市体育局的指导下推广轮滑项目，效果显著。具体如下。

1．赛事平台搭建

由重庆市体育局、重庆市直机关工委、重庆市总工会主办，全面展示重庆市群众事业发展成就，推广重庆市群众体育活动，一年一度的“全民健身运动会轮滑比赛”，在沙坪坝区、黔江区、南岸区和秀山土家族苗族自治县（以下简称秀山县）等区县相继举办了七届，起到了搭建赛事平台、推广轮滑在重庆市各区县发展的作用。

重庆市轮滑协会与重庆市教育委员会联合主办重庆市大中小学轮滑竞赛活动，比赛规模从2012年15所学校参赛发展到2017年107所学校参赛。在重庆市体育局和重庆市教育委员会的指导下，重庆市轮滑协会有序开展各类竞赛活动。具体如下。

1）承办重庆市全民健身运动会轮滑比赛5届。

2）承办重庆市大中小学轮滑比赛5届。

3）承办重庆市“舞渝轮比”大赛4届。

4）承办重庆市轮滑市队选拔赛3届。

5）承办西南区轮滑大奖赛或者联赛3次。

6）承办重庆市首届轮滑公路赛1届。

7）承办西部动漫节轮滑比赛3次。

2．产教融合发展

重庆市轮滑协会与重庆第二师范学院进行了合作。2012年12月25日，重庆市轮滑训练培训基地在重庆第二师范学院挂牌成立，标志着重庆市轮滑协会与高校进行产教融合、协同发展合作的开始。在重庆市轮滑协会的推动下，重庆第二师范学院修建了标准轮滑场地，并成功获批“中国轮滑运动示范学校”。2014年1月18日，重庆第二师范学院承办了由重庆市轮滑协会组织的重庆市轮滑协会2013年年会。2016年6月，重庆市轮滑协会与重庆第二师范学院共同组建了重庆市轮滑冰球队，该球队在2017年第十三届全国运动会中取得了优异成绩。

案例一

【背景】

在高校产教融合的背景下，重庆市轮滑协会携手重庆第二师范学院共同推动轮滑运动的发展。重庆第二师范学院在中国轮滑协会和中国大学生体育协会共同主办的“轮滑神州”校园行活动中积极开展轮滑活动，并经重庆市教育委员会和重庆市体育局推荐，获得中国轮滑协会授予的“中国轮滑运动示范学校”称号。

重庆市轮滑协会2013年年会在重庆第二师范学院召开（图1.2）。

图1.2　重庆市轮滑协会2013年年会

会议具体事项安排如下。

2013年度重庆市轮滑协会工作总结会议

一、时间

2014年1月18日下午4:00

二、会议地点

重庆第二师范学院学府校区综合楼614会议室

三、报到时间

1月18日下午2:00～2:45

报到地点：南岸区学府大道9号，重庆第二师范学院107办公室

四、主持人

李采丰

五、参会单位

协会理事会全体成员（含大学生轮滑协会理事）

重庆市轮滑训练培训基地成员

“中国轮滑运动示范学校”揭牌校方代表

会员单位的代表（各俱乐部）

六、会议议程

1. 重庆第二师范学院教师教育学院院长江净帆致欢迎词。

2. 重庆市轮滑协会副秘书长郭有平作协会2013年工作报告及2014年工作计划。

3. 重庆市轮滑协会副主席卢鸿毅宣读文件。

4. “中国轮滑运动示范学校”授牌仪式（张小波授牌，夏泽胜接牌）。

5. 重庆市轮滑协会会员单位代表发言（发言控制在5min以内）。

6. 重庆市轮滑协会主席张小波作工作指示。

7. 集体合影留念。

【总结】

会议内容包括2013年工作报告、2014年工作计划安排以及“中国轮滑运动示范学校”揭牌等。本次会议中“中国轮滑运动示范学校”揭牌意义深远，让开展轮滑课程的学校有“标”可依，让社会培训机构把培训焦点从室外广场转向校园。本次会议的召开为重庆市轮滑发展带来了以下几方面的影响。

第一，积极推动轮滑运动在校园的开展，为其他大中小学开展轮滑运动、通过轮滑项目走出特色体育项目建设作出示范，在重庆市教育委员会和重庆市体育局的协作领导下，推动了校园轮滑发展。

第二，让俱乐部更具有信心协同各类职能部门、协会与校园携手走出“协作中前行”的轮滑发展模式之路。

第三，会议听取了各会员单位包括轮滑俱乐部和学校代表的意见，建立了有效的沟通机制，为实现协会、学校、俱乐部协作发展提供了保障。

案例二

【背景】

2013年6月22日，重庆市大学生轮滑协会在重庆第二师范学院挂牌成立，重庆市教育委员会体卫艺处处长夏蒂，重庆市学生体育协会秘书长曹型远，重庆市大学生体育协会主席胡红、秘书长邵洪范与各部门负责人，重庆第二师范学院张伟副校长、教师教育学院院长江净帆及重庆市高校轮滑协会代表约200人出席了大会。会上，重庆市教育系统和体育局在如何共同推动轮滑项目，如何在高校产教融合背景下提倡轮滑运动等议题上进行了讨论。2015年重庆市轮滑协会年会进行了工作总结和规划。具体议程如下。

2015年重庆市轮滑协会年会议程

一、时间

2016年1月9日下午4:00

二、地点

重庆第二师范学院学府校区综合楼614会议室

三、主持人

孟现录

四、参会人员

重庆市体育局、重庆市轮滑协会领导：

重庆市体育局群体处处长、重庆市轮滑协会主席　　张小波

重庆市体育局群体处副处长、重庆市轮滑协会副主席　　卢鸿毅

重庆第二师范学院领导：

重庆第二师范学院 教师教育学院院长　　江净帆

教师教育学院党总支副书记　　李采丰

体育教研室主任　　李　科

重庆市大学生轮滑协会领导：

重庆市大学生轮滑协会主席　　吴红豫

重庆市大学生轮滑协会副秘书长　　兰李淋

全市30个轮滑运动组织的负责人

五、会议议程

1. 江净帆院长致欢迎词，介绍重庆第二师范学院轮滑项目的开展情况。

2. 孟现录作重庆市轮滑协会2015年工作报告及2016年工作计划。

3. 孟现录作校园轮滑开展工作报告。

4. 协会/俱乐部代表发言。

5. 张小波处长讲话。

6. 集体合影留念。

【总结】

重庆市大学生轮滑协会以比赛为平台，会聚学校、俱乐部和家庭成员，巩固体育和教育携手推进的成果，增强各俱乐部和学校开展轮滑活动的信心，明确发展方向。以中国轮滑协会和中国大学生体育协会主办的阳光体育“轮滑神州”校园行活动为切入点，加强与教育部门的合作，积极促进体教结合，推动轮滑运动在学校的普及，让在校师生深入了解轮滑运动，从而根据学校条件选择适宜的轮

滑项目。以政府购买服务的方式，支持学校与社会培训机构合作开展轮滑教学活动。中国轮滑协会提供技术力量，协助学校规划建设轮滑活动场所，编写校本教材，使轮滑成为特色学校长期坚持开展的课外体育活动。

案例三

【背景】

2016年，重庆市第二所、西南地区第一所被中国轮滑协会命名的小学——重庆市南岸区上浩小学，在协会和教育部门领导下，通过俱乐部助力校园轮滑活动的开展，创立了国内“协会和高校引领，俱乐部助力校园，校园家庭共赢”的校园轮滑发展模式。2016年12月，重庆市轮滑协会与重庆市大学生轮滑协会在重庆第二师范学院召开了2016年重庆市轮滑工作会议暨表彰大会（图1.3）。

图1.3　2016年重庆市轮滑工作会议暨表彰大会

具体会议通知和会议指南如下。

关于召开2016年重庆市轮滑工作会议暨表彰大会的通知

各轮滑俱乐部、大中小学、市会员单位、区县轮滑协会等相关单位：

为推动重庆市轮滑运动的发展，召开2016年重庆市轮滑工作会议暨表彰大会，特邀您参与。

一、主办单位

重庆市轮滑协会、重庆市大学生轮滑协会

二、承办单位

重庆第二师范学院

三、时间与地点

时间：2016年12月18日14:00～18:00

地点：重庆第二师范学院南山校区泉山厅

四、会议指南

暖场：重庆电视台影视频道播放《全民动起来》轮滑专题

（一）2016年重庆市轮滑运动工作报告及2017年工作计划

（二）2017年全国轮滑公开赛（在重庆举办）

（三）轮滑校园行活动分享会议

1. 中国中学生体育协会轮滑分会领导演讲分析校园轮滑之路。

2. 中国轮滑运动示范学校——上浩小学校长作主题演讲。

3. 举行中国中学生体育协会轮滑分会重庆秘书处授牌仪式。

4. 世界自由式轮滑冠军刘佳欣作主题演讲。

5. 全国速度轮滑冠军朱梓墨作主题演讲。

（四）表彰颁奖

1. 重庆市轮滑推动先进单位。

2. 重庆市轮滑推动先进个人（优秀裁判员、优秀教练员和优秀运动员）。

3. 重庆市轮滑突出贡献奖。

（五）大会闭幕

（六）晚宴

五、与会办法

（一）特邀教育部学生体育协会领导、中国轮滑协会、重庆市体育局和重庆市教育委员会相关负责人与会，参会人员凭邀请函与会。

（二）重庆市轮滑协会会员单位、重庆市大学生轮滑协会会员单位、中国轮滑运动示范学校代表、重庆市轮滑运动示范学校代表和重庆市各轮滑俱乐部填写参与回执报名参加。同时，重庆市以外的轮滑俱乐部和大中小学根据情况自愿与会，请于2016年12月12日填写参会回执表发到408326476@qq.com，于12月18日上午10:00～12:00到重庆第二师范学院南山校区学术交流中心516会议室报到并领取参与证（代表证），13:30凭证件入场（不再接收其他参与人员）。

【总结】

会议分为2016年重庆市轮滑运动工作报告及2017年工作计划、轮滑校园行活动分享和表彰三个环节。其中，轮滑校园行活动分享中，重庆市南岸区上浩小学是西南地区中国轮滑运动示范学校中唯一的小学，校长王春勤作了轮滑运动在上浩小学被列入校本课程的主题演讲，将轮滑运动列入校本课程也是体育局和教育委员会推广轮滑校园行的又一成果。同时，会议邀请了教育部学生体育协会轮滑校园联盟的徐友成分享“校园轮滑——云兴模式”，同时世界自由式轮滑冠军刘佳欣和全国速度轮滑冠军朱梓墨分别进行了主题演讲，激发了与会者推广轮滑的热情与斗志。最后，会议对2016年度为重庆轮滑推动工作作出贡献的先进单位、先进个人和突出个人进行表彰。

本次会议意义深远：首先，用事实证明探索一条国内“协会和高校引领，俱乐部助力校园，校园家庭共赢”的校园轮滑发展模式是成功的，其区别于“云兴轮滑”发展模式，是协会、学校、俱乐部、家庭以及政府职能部门协同发展的成果；其次，给俱乐部注入了“强心剂”，为俱乐部轮滑发展指明了校园轮滑发展方向；最后，协作促共赢，政府、协会获得政绩，学校获得成绩，俱乐部取得业绩，促使协同中发展成果得到体现。

3．机构合理设置

重庆市轮滑协会机构逐步完善。重庆市轮滑协会召开重庆市轮滑协会第三届第一次会议，为进一步完善重庆市轮滑协会组织机构，更好地为重庆轮滑推广和发展服务，会议选举重庆市轮滑协会第三届组织机构成员并进行了工作职能安排。协会在开展工作的同时不断完善协会组织机构，并进行了换届工作。重庆市轮滑协会第三届组织机构分为裁判专业委员会、专项工作委员会（速度委员会、自由式委员会和轮滑球委员会）和技术专业委员会，成员由自主报名、公开演讲和现场投票竞选的方式产生，具体工作职责在选举后确定（图1.4）。

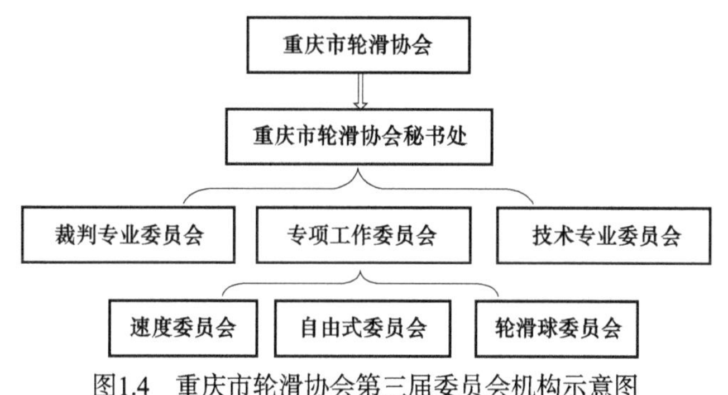

图1.4　重庆市轮滑协会第三届委员会机构示意图

案例四

【背景】

根据中共中央办公厅、国务院办公厅《关于党政机关领导干部不兼任社会团体领导职务的通知》（中办发〔1998〕17号），市委组织部《关于进一步严格清理规范领导干部在社会团体兼职问题的通知》（渝组委〔2017〕7号），市民政局、市委组织部、市编办、市财政局《关于清理规范行业协会工作全面整改阶段相关事宜的通知》（渝民发〔2014〕146号）等规定，为加强局系统干部在社会团体兼职的管理，确保体育社会团体的健康有序运行，结合实际情况，召开重庆市轮滑协会第四届理事会换届大会（图1.5），大会表决并通过重庆市轮滑协会《关于执行〈关于规范局系统干部在社会团体兼职管理暂行办法〉的情况报告》。

图1.5　重庆市轮滑协会第四届理事会成员合影

关于执行《关于规范局系统干部在社会团体兼职管理暂行办法》的情况报告

市体育局：

根据重庆市体育局关于印发《关于规范局系统干部在社会团体兼职管理暂行办法》（渝体〔2017〕58号）和重庆市体育局关于转发《关于进一步严格清理规范领导干部在社会团体兼职问题的通知》（渝体〔2017〕59号）的通知要求，现将清理情况汇报如下。

1. 经本人申请，重庆市轮滑协会常委会研究决定，同意：

王义发同志辞去协会秘书长职务。

郭有平同志辞去协会副秘书长职务。

2. 重庆市轮滑协会常委会研究决定，同意：

张小波同志任协会会长职务。

江净帆同志任协会副会长职务。

吴德川同志任协会副会长职务。

朱海涛同志任协会副会长职务。

熊峰同志任协会副会长职务。

孟现录同志任协会秘书长（专职）。

兰李淋同志任协会副秘书长。

3. 协会的换届工作、人员变动信息由新一届协会工作人员按照民政局的相关规定完善手续。

报告分别送市体育局人事处和市体育总秘书处。

特此汇报

重庆市轮滑协会

2017年3月

【总结】

重庆市轮滑协会《关于执行〈关于规范局系统干部在社会团体兼职管理暂行办法〉的情况报告》，基于重庆市体育局关于印发《关于规范局系统干部在社会团体兼职管理暂行办法》（渝体〔2017〕58号）并在重庆市轮滑协会第四届理事会换届大会上表决通过。重庆市轮滑协会第四届理事会成员组成科学合理，同时重庆市轮滑协会各委员会机构明确职责和任务，确保协会在机构合理的情况下，工作协同配合，有效开展轮滑相关活动。

4. 制度推进合理

（1）轮滑考级

重庆市轮滑协会在全国率先推广“轮滑技术等级考核”制度。由协会制定的考核实施办法——《重庆市轮滑运动技术等级考核实施办法（试行）》，被重庆市体育局采纳，并得到中华人民共和国国家版权局认可（图1.6）。

作品登记证书

登 记 号：国作登字-2016-A-00330374　No. 00330374

作品名称：重庆市轮滑运动技术等级考核实施办法（试行）　作品类别：文字作品

作　　者：孟现录　著作权人：孟现录

创作完成时间：2016年04月18日　首次发表时间：2016年06月02日

以上事项，由孟现录申请，经中国版权保护中心审核，根据《作品自愿登记试行办法》规定，予以登记。

登记日期：2016年10月25日　登记机构签章

中华人民共和国国家版权局 作品自愿登记专用章

图1.6　《重庆市轮滑运动技术等级考核实施办法（试行）》作品登记证书

案例五

【背景】

孟现录作为国家级轮滑教练员，在指导队员训练时，严格按照轮滑等级运动员标准要求队员。2013年从事重庆市轮滑协会管理工作和担负体育指导员任务后，一直困扰于如何更加有效地推动轮滑推广普及，如何让轮滑俱乐部在市场上形成良性循环，如何让轮滑技术水平得到整体提高。2013年，他在一次跆拳道考级活动中得到启发：制定“轮滑考级”制度。2013～2014年，孟现录及相关团队制定出《重庆市轮滑运动技术等级考核实施办法》，并提交中华人民共和国国家版权局和重庆市体育局，获得中华人民共和国国家版权局著作权登记认可和重庆市体育局认可。

重庆市轮滑运动技术等级考核实施办法（试行）

第一条　为鼓励和推动青少年积极参加体育锻炼，增强体质，促进我市轮滑运动健康、有序地发展，提高轮滑爱好者的运动水平与兴趣，根据《中共中央 国务院关于加强青少年体育增强青少年体质的意见》（中发〔2007〕7号）和《全民健身条例》（国务院令第560号）的有关规定，特制定本办法。

第二条　重庆市轮滑运动技术等级考核包括以下项目。

1．速度轮滑，简称速滑。

2．自由式轮滑——速度过桩，简称速桩。

3．自由式轮滑——花式绕桩，简称花桩。

第三条　重庆市轮滑业余运动技术等级证书

1．速滑、速桩和花桩项目设立不同的技术等级证书，其他均为统一的技术等级证书。

2．参加轮滑业余运动技术等级考核的考生，可根据各自的需要报考以获得不同项目的等级证书。

3．等级证书由低到高为：1级最低，6级最高。

4．等级证书由重庆市轮滑协会颁发。

第四条　各项目的考核内容及要求，由重庆市轮滑协会制定后公布，并将根据运动员水平的提高情况，经过讨论后修订公布。

第五条　少儿、青少年、成人等轮滑爱好者均可报名考级，不分年龄段。

第六条　可从1级开始逐级报考，也可以根据自己的水平跳级报考。

第七条　考核分为“通过”和“不通过”两个结果。通过者可获得考级证书或晋级，不通过者不予发放考级证书，也不做定级处理。

第八条　由重庆市轮滑协会及部分团体会员单位代表共同组成轮滑技术水平等级考核小组。

第九条　报考办法

1．考生报考与本人程度相当的级别，在提交报名表之后不得更改；

2．下载报名表，填写后发送到指定邮箱，可以团体的方式报名；

3. 第一次报考的考生，在参加考核时携带二寸证件照片一张；

4. 参加升级考核的考生，需携带已获得的等级证书；

5. 考核内容及方法。

（1）速滑的各等级报考内容均为300m计时赛。

（2）速桩允许最多有两次尝试机会。

（3）花桩单轮类动作允许有两次尝试机会。其他动作及组合套路只允许尝试一次。

6. 考生参加考核前，请自行购买相应的保险，在报到时相关部门要核验保单。未购买保险的考生不得参加考核。

7. 考级地点：以每次发布的考级章程中指定的地址为准。

本办法最终解释权归重庆市轮滑协会所有。

附件：

附件1　重庆市速度轮滑运动技术等级考核说明

附件2　重庆市自由式轮滑（速度过桩）运动技术等级考核说明

附件3　重庆市自由式轮滑（花式绕桩）运动技术等级考核说明

附件1：重庆市速度轮滑运动技术等级考核说明（表1.1）。

表1.1　速度轮滑等级考核标准（300m个人计时）

等级	男子	女子
一级	1′30″	1′35″
二级	1′10″	1′15″
三级	55″	59″
四级	45″	48″
五级	39″	42″
六级	34″	36″

附件2：重庆市自由式轮滑（速度过桩）运动技术等级考核说明（表1.2）。

表1.2　自由式轮滑（速度过桩）等级考核标准

级别	男子/s	女子/s	备注
一级	11.00	11.30	辅助单脚
二级	10.50	10.80	辅助单脚
三级	10.00	10.30	辅助单脚
四级	9.50	10.00	单脚
五级	9.00	9.50	单脚
六级	8.50	9.00	单脚

附件3：重庆市自由式轮滑（花式绕桩）运动技术等级考核说明。

一级：V字站立（5s），刹车器刹车，踏步转弯，葫芦步滑行（直线9m），T字站立（5s），平行滑行（6m），V字刹车。要求：每个动作20分，达到100分算通过。

二级：T刹，葫芦步倒滑9m，弓步转弯，速度过桩的站立，速度过桩的起跑、fish、单脚滑行4m。要求：每个动作20分，达到100分算通过。

三级：规定combo要求：整套动作内需要有前剪、前蛇、倒剪、倒蛇、玛丽5个规定动作，每个动作需要滑行4个桩，每个动作少1个桩扣2分；音乐自选，表演时间为40～60s，时间不在范围内将被扣10分。选手需要准备适合自己表演风格的服装，无表演服装将被扣5分。在表演中桩会按50cm（20个）、80cm（20个）、120cm（14个）分三排排列。

选手在表演中不用绕完所有的桩，未绕的桩不会被扣分，每碰倒一个桩将被扣0.5分。选手在整个表演过程中能与音乐配合协调会被加5～10分。

满分100分，85分及以上算通过。

四级：规定combo要求：整套动作内需要有crazy、攀藤、双脚转、X、尼尔森5个规定动作，每个动作需要滑行4个桩，每个动作少1个桩扣2分；音乐自选，表演时间为40～60s，时间不在范围内将被扣10分。选手需要准备适合自己表演风格的服装，无表演服装将被扣5分。选手在表演中桩会按50cm（20个）、80cm（20个）、120cm（14个）分三排排列，选手在表演中不用绕完所有的桩，未绕的桩不会被扣分，每碰倒一个桩将被扣0.5分。选手在整个表演中能与音乐配合协调另加5～10分。

总分100分，85分及以上算通过。

五级：规定combo要求：整套动作内五大类中每类必须有一个达到E级评级标准的动作，每个动作需要滑行4个桩或者3圈，每个动作少1个桩或少1圈扣2分；音乐自选，表演时间为40～60s，时间不在范围内将被扣10分。选手需要准备适合自己表演风格的服装，无表演服装将被扣5分。在表演中桩会按50cm（20个）、80cm（20个）、120cm（14个）分三排排列，选手在表演中不用绕完所有的桩，未绕的桩不会被扣分，每碰倒一个桩将被扣0.5分。选手在整个表演中与所选音乐配合协调另加5～10分。

总分100分，85分及以上算通过。

六级：规定combo要求：整套动作内五大类中每类必须有一个达到D级评级标准的动作，每个动作需要滑行4个桩或者3圈，每个动作少1个桩或少1圈扣2分；音乐自选，表演时间为40～60s，时间不在范围内将被扣10分。选手需要准备适合自己表演风格的服装，无表演服装将被扣5分。在表演中桩会按50cm（20个）、80cm（20个）、120cm（14个）分三排排列，选手在表演中不用绕完所有的桩，未绕的桩不会被扣分，每碰倒一个桩将被扣0.5分。选手在整个表演中能与所选音乐配合协调另加5～10分。

总分100分，85分及以上算通过。

【总结】

2015年，重庆市首次实施轮滑考级制度，在协会的推动下，俱乐部、学校和家庭认识到了考级的意义。第一，对参加学习轮滑的学员的技术进行认证，可以提高学员继续学习轮滑的积极性，提高技术水平；第二，为俱乐部留住学员，促进俱乐部良性循环。

考级制度的制定极大地推动了轮滑的普及和推广。2016年，全国很多省份学习与借鉴重庆市的经验，推动考级制度的实施，2017年孟现录受邀参加中国轮滑协会规划研讨会，考级制度已写入中国轮滑运动发展规划。

（2）轮滑示范学校推广

为进一步贯彻落实《中共中央 国务院关于加强青少年体育增强青少年体质的意见》（中发〔2007〕7号）和《全民健身计划》精神，根据轮滑活动的特点，推动校园轮滑发展，重庆市轮滑协会与重庆市学生体育协会合作推动“重庆市轮滑运动示范学校”评选制度的落实。

案例六

【背景】

重庆市轮滑协会、重庆市学生体育协会关于评选重庆市轮滑运动示范学校的通知，这个通知中的附表意义很大，均是专家研讨后形成的，重庆市体育局、重庆市教育委员会在协会执行中，给予肯定和认同，在评选中切实有效地推动轮滑发展。

重庆市轮滑协会、重庆市学生体育协会
关于评选重庆市轮滑运动示范学校的通知

各有关学校：

为进一步贯彻落实《中共中央 国务院关于加强青少年体育增强青少年体质的意见》（中发〔2007〕7号）和《全民健身条例》精神，根据轮滑活动的特点推动校园轮滑发展，经研究，决定开展重庆市轮滑运动示范学校评选活动。现将本次活动相关事宜通知如下。

一、活动名称

重庆市轮滑运动示范学校评选。

二、申报对象

全市各高校，普通中小学校。

三、申报条件

（一）高度重视学校体育和学生体质健康工作，学校体育工作成绩突出。

（二）按照体育与健康课程标准及有关规定开展了相关轮滑系列活动。

（三）具有一定的轮滑活动基础，并在全市居于领先水平。

（四）具备轮滑教学、训练及比赛所需的场地和设施并有经费及后勤保障支持。

（五）具有思想素质高、业务能力强的优秀教练员队伍。

（六）制订了系统、科学的教学、训练计划，常年开展课余轮滑训练，有安全、医疗等应急方案。

（七）学校轮滑文化氛围浓厚，经常开展以轮滑为主题的校园文化活动。

（八）参加各级别的比赛，并获得相应奖项。

四、申报程序

（一）学校申报。申报学校根据申报条件进行自评，形成自评报告，并填写申报表、评分表（见附件），连同相应支撑材料（活动开展情况、媒体宣传情况、获奖情况等内容），于隔年12月31日前报重庆市学生体育协会（报电子文档）。联系人：王德慧；联系电话：60339729；电子邮箱：191242551@qq.com。

（二）专家评审。重庆市学生体育协会将组织专家，根据相关规定和要求，按照公平、公正的原则，对申报学校进行全面、科学的综合评估。凡符合申报条件的学校，由重庆市学生体育协会授予重庆市轮滑运动示范学校称号。

五、有关要求

评选活动本着自愿原则，学校要按申报条件如实反映工作情况，严禁弄虚作假。重庆市学生体育协会将不定期组织专家对申报学校建设工作进行抽查，对没有按照要求开展教学和训练以及违纪、违规的申报示范学校，取消其称号。

附件：

附件1　重庆市轮滑运动示范学校申报表

附件2　重庆市轮滑运动示范学校评分表

重庆市轮滑协会

重庆市学生体育协会

2016年4月20日

附件1：重庆市轮滑运动示范学校申报表（表1.3）。

表1.3　重庆市轮滑运动示范学校申报表

<table>
<tr><td>学校名称</td><td colspan="3"></td></tr>
<tr><td>联系人</td><td></td><td>手机</td><td></td></tr>
<tr><td>电话</td><td></td><td>传真</td><td></td></tr>
<tr><td>电子信箱</td><td></td><td>邮编</td><td></td></tr>
<tr><td>通信地址</td><td colspan="3"></td></tr>
<tr><td>场地器材情况</td><td colspan="3"></td></tr>
<tr><td>经费投入情况</td><td colspan="3"></td></tr>
<tr><td>活动开展情况</td><td colspan="3"></td></tr>
<tr><td>参与人员情况
（教师人数、学生人数）</td><td colspan="3"></td></tr>
</table>

（学校章）　　年　月　日

附件2：重庆市轮滑运动示范学校评分表（表1.4）。

表1.4　重庆市轮滑运动示范学校评分表

<table>
<tr><th>一级指标</th><th>二级指标</th><th>三级指标</th><th>自评得分</th><th>备注</th></tr>
<tr><td rowspan="10">管理情况（20分）</td><td rowspan="2">校领导重视程度（8分）</td><td>是否有一名校长分管轮滑项目工作（5分）</td><td></td><td></td></tr>
<tr><td>是否鼓励轮滑教师参加业务学习或为轮滑教师提供业务学习机会（3分）</td><td></td><td></td></tr>
<tr><td rowspan="3">经费保障（7分）</td><td>每年用于训练竞赛的经费是否能够满足教练员和运动员的需要（2分）</td><td></td><td></td></tr>
<tr><td>轮滑项目经费是否主要用于开展轮滑活动或购买器材装备（3分）</td><td></td><td></td></tr>
<tr><td>教练员课余训练竞赛是否有补贴（2分）</td><td></td><td></td></tr>
<tr><td rowspan="4">管理制度与办法（5分）</td><td>是否对教练员的日常工作进行定期检查（1分）</td><td></td><td></td></tr>
<tr><td>是否有轮滑项目的长期发展规划（1分）</td><td></td><td></td></tr>
<tr><td>轮滑项目的工作业绩是否纳入年终考核内容（2分）</td><td></td><td></td></tr>
<tr><td>对竞赛获奖运动员、教练员学校是否给予额外奖励（1分）</td><td></td><td></td></tr>
</table>

续表

一级指标	二级指标	三级指标	自评得分	备注
硬件设备状况（20分）	场地（9分）	学校是否有一块专门用于轮滑训练的场地（3分）		
		学校的轮滑训练场地是否达标（2分）		
		教练员认为场地是否能够满足日常教学训练及比赛的要求（2分）		
		运动员认为场地是否可以满足日常比赛训练的需要（2分）		
	器材（8分）	是否能够达到参训运动员人均一双轮滑鞋的标准（4分）		
		教练员认为器材是否能够满足日常教学训练及比赛的要求（2分）		
		运动员认为器材是否可以满足日常比赛训练的需要（2分）		
	装备（3分）	学校是否为教练员及运动员配发训练及竞赛服装（2分）		
		是否为运动员配发轮滑鞋（1分）		
师资队伍（20分）	体育教师情况（8分）	学校轮滑专职教练员与学校体育教师的比例（8分）		
	专职教练员情况（12分）	学校是否有外聘轮滑教练员（1分）		
		学校是否有专职轮滑教练员（2分）		
		校内轮滑教练员是否有专业训练经历（4分）		
		校园轮滑教练员的级别（5分）		
教学训练情况（10分）	教学训练时间安排（4分）	轮滑项目参训学生每周是否有3次以上的课余训练（1分）		
		每次训练的时间是否达到一个半小时以上（1分）		
		是否充分利用节假日组织训练活动（1分）		
		是否利用体育课教授轮滑教材（1分）		
	教学训练内容与质量（6分）	教练员是否有年度、阶段、周训练计划（3分）		
		校领导对于专职教练员的训练工作是否满意（1.5分）		
		在训练运动员对于教练员的训练水平是否满意（1.5分）		
竞赛情况（10分）	组织情况（6分）	学校是否建立轮滑竞赛的组织部门或指定负责人（2分）		
		学校是否每年举办一次以轮滑项目为主的校运会（1分）		
		学校是否经常开展年级、班级间轮滑项目比赛（1分）		
		是否积极联系开展校际间的轮滑项目比赛（1分）		
		是否积极参加上级部门组织的轮滑联赛（1分）		
	竞赛成绩（4分）	学校轮滑代表队在最近参加的各级轮滑比赛中是否获奖（2分）		
		教练员或运动员个人在最近参加的各级轮滑竞赛中是否获奖（2分）		

续表

一级指标	二级指标	三级指标	自评得分	备注
队伍建设与轮滑氛围（10分）	运动队建设（5分）	学校招收轮滑特长生是否有优惠政策与措施（3分）		
		学校是否有至少一支轮滑运动训练队伍（2分）		
	校内轮滑气氛（4分）	学校是否经常在校内对轮滑运动进行各种推广和宣传工作（2分）		
		班主任及其他教师对于学校轮滑活动的开展是否支持（2分）		
	校外影响因素（1分）	在校学生家长对于孩子参加轮滑训练是否支持（1分）		
输送情况（10分）	升学（6分）	校队、年级队或班级队轮滑运动员的升学率（6分）		
	专业（4分）	学校四年中是否向上级单位直接或间接输送了轮滑后备人才（2分）		
		学校是否与某家轮滑俱乐部建立了关系或签订了人才输送条约（2分）		
合计				
备注：自评分达到85分及以上的学校才具备申报资格				

【总结】

中国轮滑协会和中国大学生体育协会主办“轮滑神州”校园行活动，鼓励学校申请“中国轮滑运动示范学校”，各省份学校积极参加。有些地区因为没有通过省市区教育和体育部门直接上报，而失去了中间相关职能部门或者地方协会对学校轮滑活动开展情况的掌握和对接。因此，重庆市轮滑协会积极鼓励学校报名参加，但学校须获得“重庆市轮滑运动示范学校”的命名后再被推荐至中国轮滑协会。对于地方学校，协会首先是掌握和了解轮滑的开展现状，与学校在教育委员会和体育局领导下有序开展相关活动。其次，协会鼓励俱乐部参加校园轮滑推动工作，形成协同发展的模式，使轮滑运动发展在协同中前行。最后，重庆市轮滑运动示范学校评分表对于学校完善轮滑运动课程建设和推动轮滑运动具有指导意义，学校可根据评分表指标规范和完善轮滑运动开展指导体系。

（3）会员单位制度

根据《重庆市轮滑协会会员章程（试行）》规定，为贯彻落实会员单位制度，作为会员单位须参加重庆市各级各类轮滑活动和竞赛交流工作，推动重庆市轮滑运动的有序开展。

案例七

【背景】

重庆市轮滑协会在重庆市体育局的领导下开展各类推广活动，推广工作需要各行业、俱乐部、学校等共同参加，由此各方在“协作共赢”的理念下，推动与发展轮滑运动。吸纳优秀人才参与协会管理工作，吸纳优秀轮滑俱乐部、学校及家庭参加协会相关活动，从而吸纳成功的经验，使各方共同前行（图1.7）。

图1.7　重庆市轮滑协会会员单位授牌

《重庆市轮滑协会会员章程（试行）》具体如下。

重庆市轮滑协会会员章程（试行）

第一章　总　　则

第一条　本团体的名称

重庆市轮滑协会

第二条　本团体的性质

非营利性省级官方组织

第三条　本团体的宗旨

重庆市轮滑协会致力于向广大市民宣传和推广轮滑运动，负责重庆市轮滑教练员的培训认证和轮滑俱乐部的会员单位管理，承担重庆市轮滑代表队的训练和竞赛安排及后勤保障，担当重庆市省市级各类轮滑活动和竞赛交流工作，推动重庆市轮滑运动的有序开展。

第二章　会　　员

第四条　会员种类

（一）个人会员

（二）单位会员

第五条　入会条件

（一）遵守国家的法律、法规，遵守本协会的相关规章制度。

（二）愿意参加重庆市轮滑协会，缴纳会费。

（三）年满18周岁以上的居民，具有独立行为能力，身体状况良好。

（四）具备营业执照的营利性轮滑培训俱乐部。

（五）了解轮滑运动知识、规章、精神。

（六）承诺自负轮滑运动事故引起的人身伤害、财产损失。

第六条　入会程序

（一）认真阅读《重庆市轮滑协会会员章程（试行）》，了解权利和义务。

（二）本人亲自申请，如实填写《会员登记表》，并由本人签字。

（三）经协会组织机构讨论通过。

（四）在指定期限内缴纳会费。

1. 个人会员会费为50元/年，每年1月份续缴一次；单位会员会费为500元/年，每年1月份续缴一次。

2. 会费及使用范围：

（1）协会基本运营费用。

（2）初次入会的会员证制作。

（3）推广活动。

（4）平时训练场地的租赁、赛事、会服和队服等费用需另行缴纳。

3. 会员退会，其会员资格即自动取消，会费亦不予退还。

第七条　会员权利

（一）选举权、被选举权和表决权。

（二）有权优先参加协会组织的各项轮滑活动。

（三）有权向协会提出批评建议和对协会监督。

（四）经授权以会员名义举办符合本协会宗旨的活动并获得本协会的协助。

（五）分享“重庆市轮滑协会”的信息资源及对外交流机会。

（六）有权享受协会为会员提供的其他权利。

（七）会员有退出自由，提出退出者，经备案即可。

第八条　会员义务

（一）遵守协会的章程和决议。

（二）维护协会形象及协会的合法权益。

（三）支持协会的工作，积极参加协会组织的各项活动。

（四）按时足额缴纳会费。

（五）在参加协会组织的活动时，遵守活动规则。

第九条　会员退会

会员退会应书面通知本协会相关人员，并交回会员证。会员如果未按规定缴纳会费，归为自动退会，并应交回会员证。

第十条　会员凡行为有悖本组织宗旨或违反国家法纪，经协会组织机构表决通过，予以谴责，直至除名。

第十一条　不足之处待完善，最终解释权归重庆市轮滑协会所有。

重庆市轮滑协会

2016年6月

附件：

重庆市轮滑协会关于2016年批准重庆舞翼轮滑俱乐部等
16个重庆市轮滑协会会员单位的通知

各有关单位：

根据《重庆市轮滑协会会员单位考核实施办法》，经考核，现批准重庆舞翼轮滑俱乐部等16个会员单位，具体名单见表1.5。

表1.5　会员单位名单

单位名称	负责人	地址
重庆舞翼轮滑俱乐部	黎恒瑞	重庆市永川区中央大街1B−7
逸翔轮滑俱乐部	刘　鹏	重庆市北碚区城南步行街雄风百货6楼
重庆新势力轮滑培训有限公司	罗　成	重庆市南岸区桃源路美全世纪城
龙之梦轮滑俱乐部	张　为	重庆市南岸区学府大道
重庆市綦江区星轮滑俱乐部	王　伟	重庆市綦江区九龙大道凯旋名城
溜溜party轮滑俱乐部	邓步伦	重庆市北碚区复兴镇
秀星轮滑俱乐部	常祖学	重庆市秀山县中和街道五岳广场商区
重庆星联盟体育飞鹰轮滑俱乐部	何建敏	重庆市江北区金源时代广场
爱溜轮滑俱乐部	欧映龙	重庆市北部新区聚信美家具城
永川飞鹰轮滑俱乐部	魏庆冲	重庆市永川区金科中央金街41栋负一楼10号
万州优秀轮滑俱乐部	刘　岗	万州五桥学府广场
沙坪坝区飞鹰轮滑俱乐部	陈　健	重庆市沙坪坝区天凤路时代汇乐陶陶儿童城
F6酷炫轮滑	薛　力	北碚区银翔城
五彩年华俱乐部	郭有平	重庆市九龙坡区奥体中心8号门2楼
新体线国际轮滑俱乐部	王伟峰	重庆市沙坪坝区三中对面奇峰广场
垫江县新起航轮滑培训俱乐部	贺勇胜	重庆市垫江县西城雅豪D3栋31号门市

特此通知。

重庆市轮滑协会

2016年6月

【总结】

《重庆市轮滑协会会员章程（试行）》在推行过程中不断完善。其于2017年1月被写入《重庆市轮滑协会章程》，对协会和会员单位的权利和义务进行了规定、规范等，确保会员单位在重庆市轮滑协会指导下有序开展活动。第一，鼓励和促进学校、轮滑俱乐部积极参与轮滑运动事业，作为协会的主人参加协会事宜；第二，协会不再只是少数人的协会，而是大家的协会，各单位应通过共同的努力使协会职能得到有效发挥；第三，会员单位有权利和义务，在协会换届时选贤举能，以利于项目的推动。在协会委员会指导下，协会各职能部门以及会员单位协同发展，形成良好的协会职权运转环境。

5．与时俱进

重庆市轮滑协会与互联网、报社等媒体协同合作，在轮滑推动和宣传方面与时俱进。与时代宣传方式俱进，与科技大数据俱进，与市场需求俱进。重庆市轮滑协会与《重庆时报》携手，通过手机客户端参与网络评选，并通过数据分析轮滑俱乐部、轮滑爱好者和轮滑参与者的情况。

案例八

【背景】

重庆市全民健身运动近些年得到飞速发展，目前全市经常参加体育锻炼的人数比例达到43.78%，高于全国平均水平。重庆市目前的轮滑运动发展迅速，俱乐部已经接近200家，轮滑群众基础已经相当雄厚。为此，重庆市轮滑协会、《重庆时报》联合举办了“渝轮·最佳时客”2017重庆年度轮滑人物评选活动，评选方案的主要内容如下。

渝轮·最佳时客

2017重庆年度轮滑人物评选方案

一、活动目的

1．进一步推动我市全民健身运动的发展，扩大轮滑运动的影响力，形成全民爱轮滑运动的健身热潮。

2．打造成一年一度的轮滑界品牌活动。

二、活动创意

1．重庆市轮滑爱好者，用体育运动诠释多彩人生，在这一时刻您就是最佳和最亮的星。

2．重庆市轮滑协会联合《重庆时报》共同寻找最佳和最亮的轮滑客（可以是个人或者单位）。

三、活动形式

（一）时间

2017年5月21日启动，7月1日结束

5月21日至31日征集轮滑爱好者

6月1日至6月30日启动投票

7月1日公布获奖名单

（二）传播媒介

《重庆时报》、App软件、《重庆时报》官方微博、重庆房产官方微信公众号、时报网、重庆市轮滑协会官网等

（三）宣传规划

1. 对由重庆市轮滑协会推荐的候选人将在各大媒介上每周进行一次大型报道，充分展现重庆市轮滑的发展情况，同时结合重庆参加全运会的轮滑选手进行宣传。

2. 寻找重庆市轮滑运动爱好者的事迹进行宣传报道，每周报道两位轮滑爱好者。

在每一期的报道中，App软件、时报网等将以相关新闻为原生内容，在当日进行推送。

3. 《重庆时报》相关联App软件上，将专门开辟一个活动专区，配有相关文字材料和照片，以方便对外界进行展示，方便投票。

四、评选细则

（一）评选主题

此次评选分为三个板块，分别为“渝轮·最佳时客”2017年度重庆市人气最佳之星（轮滑个人，所有轮滑学员均可参与）、“渝轮·最佳时客”2017年度重庆市人气最佳星中星（轮滑个人，以全运会重庆市轮滑代表为主）、“渝轮·最佳时客”2017年度重庆市人气最亮之星（轮滑单位，轮滑俱乐部或者学校）。

（二）评选方式

为了体现公平公正，此次评选将在《重庆时报》相关联的App上开辟专栏，采用网友投票方式选出，票多者当选，一个IP地址只能投一票，拒绝任何作弊、刷票行为。

（三）候选人推举方式

1.“最佳之星”候选人面向全市轮滑爱好者，参评者需将身份证号码、个人轮滑照片、100字以内个人简介以及联系方式等资料发送到组委会，组委会择优选择。

2.“星中星”候选人由重庆市轮滑协会推荐，必须是为重庆市轮滑运动做出过贡献的现役轮滑运动员，在业内被公认为轮滑明星的运动员。

3.“最亮之星”由各俱乐部和学校主动报名，组委会择优选择，参评的俱乐部需要将不超过200字的俱乐部简介、俱乐部照片、联系方式等相关资料发送到组委会。

（四）此次评选的最终解释权归“2017重庆年度轮滑人物评选活动”组委会

【总结】

重庆市轮滑协会携手《重庆时报》举办“渝轮·最佳时客”2017重庆年度轮滑人物评选活动，旨在将其打造成一年一度轮滑界的品牌活动，通过网络传播、全民参与和媒体报道，推动轮滑发展。首先，这次活动是重庆市轮滑界举行的最大的一次网络票选活动，一定程度上反映了重庆市轮滑运动的高人气。本次评选一共吸引了47名选手（或俱乐部）报名，累计投票达到了94445次，参与投票的人数达到了11649人，评选结果在《重庆时报》刊登。其次，参加投票的对象以家庭为主，活动的其中一个目的也是让家长认知轮滑运动是时尚而非危险的运动，从而让家庭支持更多的儿童参加轮滑运动。最后，让轮滑运动外的各行各业人员通过网络或者报纸认知轮滑运动，让轮滑运动同篮球、足球等传统项目一样走进大众视野，拓展轮滑运动认知域。

6. 成绩斐然

（1）世界轮滑运动赛事

在世界轮滑运动赛事上，来自重庆的两位运动员和1位技术官员（裁判员）取得了优异的成绩。

世界冠军：冯辉

冯辉，重庆万州人，国家轮滑队成员。

2009年广东省自由式轮滑大赛青年女子组花式绕桩冠军。

2010年全国自由式轮滑大赛青年女子组花式绕桩第六名。

2011年国际轮滑公开赛青年女子组花式绕桩冠军。

2011年首届全国自由式轮滑锦标赛青少年女子组花式绕桩亚军。

2011年首届全国自由式轮滑锦标赛双人花式绕桩冠军。

2011年世界自由式轮滑大奖赛青少年女子组花式绕桩亚军。

2011年世界自由式轮滑锦标赛青少年女子组花式绕桩季军。

2011年东盟国际轮滑邀请赛青少年女子花式绕桩冠军。

2012年第二届全国自由式轮滑锦标赛青少年女子组花式绕桩冠军。

2012年世界自由式轮滑锦标赛青少年女子组花式绕桩冠军。

2012年第十五届亚洲轮滑锦标赛青少年女子组平地花式绕桩项目冠军。

2013年巴黎国际轮滑公开赛青年女子组花式绕桩冠军。

2013年巴黎国际轮滑公开赛青年女子组花式对抗赛冠军。

2013年上海世界公开赛青年女子组花式绕桩冠军。

2013年上海世界公开赛青年女子组花式对抗赛亚军。

2012年10月25日，12岁的重庆人气少女冯辉在合肥夺得第十五届亚洲轮滑锦标赛青少年女子组平地花式绕桩项目冠军，至此，她在2012年实现了全国赛、世锦赛和亚锦赛的大满贯。第十三届全运会群众项目轮滑决赛上，冯辉在轮滑比赛女子组花式绕桩项目中获得一枚银牌（图1.8）。

图1.8　中华人民共和国第十三届运动会群众比赛轮滑决赛

图1.9　世界冠军：刘佳欣

世界冠军：刘佳欣

重庆江北区字水中学的刘佳欣，在2016年11月得到了目前为止轮滑竞赛最高奖项——世锦赛冠军。在泰国举行的世界自由式轮滑锦标赛中，刘佳欣凭借出色的发挥夺得青年组女子组冠军。同年，她分别夺得了全国锦标赛、韩国国际公开赛、亚洲锦标赛、上海国际自由式公开赛的所属组别冠军（图1.9）。

技术官员：孟现录

国家级裁判员，执裁2015年西昌国际轮滑公开赛、2016年武夷山国际公路轮滑马拉松公开赛、2017年中国海宁国际速度轮滑公开赛和2017年世界全项目轮滑锦标赛，并获得国家体育总局授予的2013～2016年度全国群众体育“先进个人”称号（图1.10）。

图1.10　技术官员孟现录及相关活动合影

（2）全国运动会

1）滑板。2017年全国滑板锦标赛暨全运会滑板项目预选赛于6月9日至11日在南京市龙江体育馆、南京市鱼嘴体育公园举行。此次比赛由国家体育总局社会体育指导中心、中国轮滑协会、江苏省体育局主办，江苏省社会体育管理中心、江苏省轮滑协会、南京市体育局承办，南京市龙江体育运动学校、南京市滨江公园管理处协办。来自全国26个省、自治区、直辖市的代表队共159名参赛运动员经过两天比拼，争夺男、女四个单项的十五个决赛资格。本次比赛有三大特点：一是作为全运会预选赛，改个人报名为团体报名，以省、自治区、直辖市为单位，组队参加比赛；二是突出“群众性比赛项目群众参与”的特点，凡本届全运会竞技比赛项目在全国单项体育协会有过注册记录的运动员都不得参加报名；三是以户籍、入伍、学籍所在地为准，确定报名资格，真正体现比赛公平、公正原则。重庆市轮滑代表队滑板项目派出4名选手参赛，目的是通过参赛了解全国滑板运动的发展情况和趋势（图1.11）。

图1.11　全运会重庆市轮滑代表队滑板参赛选手

2）轮滑冰球。第十三届全运会首次设立轮滑冰球项目，男子轮滑冰球预赛从2017年7月19日开始，首次参赛的重庆队与北京队、内蒙古队、湖北队、山东队分在了一组。根据赛程，排在小组前四的队伍可以进入决赛。经过努力拼搏，以重庆第二师范学院轮滑冰球队为班底的重庆队进入了决赛，创造了历史。在激烈的决赛阶段，重庆队以5：2战胜湖北队，获得第八名，湖北队获得第九名（图1.12）。

图1.12　全运会轮滑冰球比赛重庆轮滑队相关合影

2014年，孟现录老师将轮滑项目带到了重庆第二师范学院，轮滑便逐渐成了重庆第二师范学院的一项特色运动，轮滑课程被列入公共选修课和专业课。为满足轮滑课程的教学，学校修建了标准的轮滑比赛场地，组建了轮滑队伍。

关于轮滑运动项目，除了人们熟悉的速滑和花式绕桩外，团队项目轮滑冰球也在大学生的学习范畴里。重庆第二师范学院轮滑冰球队的大多数队员在上大学前都没接触过轮滑，队中前锋谭晓川说："可以说是零基础，一进校就加入了轮滑社，年轻人都喜欢这个运动，那种风从耳边呼啸而过的感觉让我很兴奋，因为我练过田径，有体育基础，就试着加入了球队，一年下来进步还很快。"队员们从不会滑到在全运会上拿到了轮滑冰球前八的好成绩，只用了不到一年时间，进步显著。

为参加本届全运会比赛，重庆队赛前进行了充足的战术和思想上的训练。全运会轮滑冰球比赛的赛程和规则发布之后，重庆队按照章节制作了详细的PPT进行介绍与解读，全队人员共同进行了认真系统的学习。而赛前重庆队也组织了为期15天的集训，保证饮食、住宿和训练的统一性。

作为重庆市轮滑协会秘书长，孟现录对于"轮转冰"也有自己的实践和感悟："在2022年北京冬奥会申办成功的带动下，'带动三亿人参与冰雪运动'的目标正在逐步实现。同时，在备战冬奥会的背景下，怎样实施'轮转冰'和'跨项选材'是值得我们认真思考的问题。由于地理环境的限制，重庆没有那么多'冰'，所以我们只能先上'轮滑'，再通过'轮转冰'来带动大家参与冰雪运动的热情。这支队伍可以算是第一批探路者，推广轮滑冰球项目，带动'轮转冰'，我们义无反顾！"

谈及项目今后的发展，孟现录表示："重庆市将从两个方面着手，将项目推广工作进行有效的延伸。一是赛事推广，通过体育局和教育局组织赛事来对轮滑冰球项目进行推广；二是进校园，通过学校来发展运动项目，来培养优秀运动员，组建队伍。"对于下届全运会的展望，孟现录说道："希望这支队伍的人员和作风都能够继续保持下去，争取能够再次登上全运会的舞台，为这个项目的发展做出贡献。"

3）自由式轮滑。第十三届全运会的一大突出亮点就是首次增设群众比赛项目，囊括了舞龙、龙舟、攀岩、围棋、象棋、国际象棋、桥牌等19个适合不同年龄段并且在群众中普及率较高的项目，目的是让更多的选手也能参与到全运会。其中，有三个决赛项目在天津以外的城市举办，轮滑决赛于2017年8月18日在南京市龙江体育馆举行。来自全国25个省、自治区、直辖市及香港特别行政区的代表队共111名运动员参加了8月12日、13日的预赛比赛，其中滑板项目有60人，自由式轮滑项目有51人，参赛运动员均为各省区市选拔出来的队员。在轮滑决赛女子组花式绕桩项目中，重庆队队员冯辉以流畅的舞姿和突出的表现，在十二位选手中脱颖而出，为重庆群众项目夺得一枚银牌，这也是重庆轮滑史上的第一枚全运会奖牌。另外，张翎稀获得女子组速度过桩第五名，孟文博获得男子组速度过桩第六名（图1.13）。

图1.13 全运会重庆轮滑队相关合影

（3）全国赛

全国冠军：朱梓墨

朱梓墨2006年出生，就读于沙坪坝树人小学，重庆“星联盟”速滑队队员，师从何建敏。2016年在苏州参加全国速度轮滑公开赛，分别获得少年男子丁组300米冠军、500米第三名和总积分冠军，先后和教练去哈尔滨、北戴河、广州参加集训和比赛，获得多项全国冠军（图1.14）。

图1.14 全国冠军：朱梓墨

全国冠军：谭镇东

2017年7月21日，第十三届全国运动会自由式轮滑预选赛暨“小状元杯”第七届全国自由式轮滑锦标赛在浙江省金华市举行，经过三天的比赛，谭镇东以超常的心理承受能力以及娴熟的轮滑技巧，获得了少年丙组花式绕桩第二名、速度过桩第十名的好成绩。谭镇东获2018年中国中学生轮滑锦标赛暨全国小学生轮滑训练营少年丙组花式绕桩冠军（图1.15）。

图1.15　全国冠军：谭镇东

全国冠军：张翎稀

张翎稀，就读于四川外国语大学重庆南方翻译学院，重庆市轮滑队队员。2016年12月3日～4日在上海举行的全国大学生自由式轮滑锦标赛中，张翎稀获得了全国大学生自由式轮滑锦标赛女子组速度过桩个人赛冠军与全国大学生自由式轮滑锦标赛女子组速度过桩淘汰赛冠军（双料冠军）。同年，8月18日在南京参加第十三届全运会轮滑决赛，获得女子组速度过桩第五名的好成绩。在2017年7月21日，第十三届全国运动会自由式轮滑预选赛“小状元杯”暨第七届全国自由式轮滑锦标赛上获得成年女子组速度过桩个人赛第四名、淘汰赛第五名的成绩（图1.16）。

全国冠军：卓煊淏

卓煊淏来自重庆市长寿区“新体线”轮滑俱乐部，就读于重庆市长寿区第一实验小学，品学兼优，在校获得优秀学生、优秀学生干部和校园运动小明星称号。2017年7月21日在浙江省金华市举办的第十三届全国运动会自由式轮滑预选赛“小状元杯”暨第七届全国自由式轮滑锦标赛中获得少年男子丙组的全国冠军（图1.17）。

图1.16　全国冠军：张翎稀

图1.17　全国冠军：卓煊淏

（4）其他

1）时尚体育节。2016年4月9日，由重庆市体育局主办，沙坪坝区体育局、西部新城管理委员会承办的“协信•城立方杯”2016重庆市第三届时尚体育节开幕式在大学城熙街青年广场举行。活动现场的快闪、街舞、轮滑、乐队等表演吸引了上千名轮滑爱好者参与（图1.18）。

图1.18　“协信·城立方杯”2016重庆市第三届时尚体育节开幕式

2）远距离滑行。重庆五位轮滑爱好者（冉井江、李鹏、田齐、周长江和邱昭强）从重庆奥体中心出发，经綦江前往贵州遵义，出贵州进入广西，到达南宁后，再换其他路线滑向海南省，最终目的地是三亚。滑行需要三个月时间，出发前重庆市轮滑协会组织出征仪式（图1.19）。

图1.19　五位轮滑爱好者滑行三亚

3）滑板活动。2017年6月23日～24日，由重庆市体育局主办、重庆市轮滑协会承办的重庆市首届极限运动挑战赛，以及在际华园举办的“世界滑板日”活动，推动了滑板运动在重庆的发展（图1.20、图1.21）。

图1.20　重庆市首届极限运动挑战赛

图1.21　重庆“世界滑板日”活动

（5）国家级轮滑训练基地

2017年12月14日，国家体育总局社会体育指导中心、重庆市体育局、重庆市万盛经济技术开发区管理委员会三方正式签订共建国家轮滑集训队、训练基地的合作协议，这标志着全国首个全项目轮滑赛训基地落户重庆万盛。三方在保证国家和重庆市运动队专业训练的同时依托训练基地，共同举办国际和国内全项目轮滑锦标赛及相关群众赛事，并广泛开展项目培训和推广（图1.22）。

图1.22　国家轮滑基地签约仪式现场

依托国家全项目轮滑赛训基地，万盛将迎来新一轮深化实施全民健身战略的机遇，这在推动群众体育、竞技体育和体育产业协同发展、互相促进、全面发力方面，以及在推进万盛从资源型城市转型发展中具有重要的历史意义。万盛全项目国家轮滑训练基地10大项目分别为花样轮滑、高山速降、轮滑回转、自由式轮滑、单排轮滑球、双排轮滑球、极限轮滑、滑板、速度轮滑、轮滑阻拦赛①，具体介绍如下。

1）花样轮滑。花样轮滑是一项艺术与运动结合的体育项目，除了要求运动员掌握轮滑技术外，对运动员的艺术表现力也有极高的要求。在音乐伴奏下，运动员穿着轮滑鞋在木地板上滑出各种图案，表演各种技巧和舞蹈动作（图1.23）。

2）高山速降。高山速降也称为坠山，就是使用各种速降运动平台从小山等高处高速下山。高山速降在轮滑项目里主要包括速降单排轮滑和速降双排轮滑。图1.24为2017年恒源祥世界全项目轮滑锦标赛，该赛事中包含高山速降项目。

①今日头条. 国家轮滑集训队将入驻万盛 冲刺2020年东京奥运会［EB/OL］.（2017-12-15）［2018-01-20］. https：//www.toutiao.com/i6499722624401146381/?tt_from=weixin_moments&utm_campaign=client_share&from=timeline×tamp=1517472751&app=news_article&utm_source=weixin_moments&isappinstalled=0&iid=24605469832&utm_medium=toutiao_ios&weixin_list=1&wxshare_count=2&pbid=6517744536473716238.

图1.23　花样轮滑

图1.24　2017年恒源祥世界全项目轮滑锦标赛

3）轮滑回转。轮滑回转源于高山滑雪比赛项目。“回转”比赛在覆雪的山坡上进行，线路上设置多种形式的旗门，组成障碍。运动员从山顶沿线路连续转弯，再穿越旗门障碍下滑。比赛分回转（中坡）、大回转（大坡）、超级大回转（超大坡）三种，每种赛事都有不同的起点、终点、高度差要求。而轮滑回转，受制于场地和安全条件，通常只能举办“回转”和“大回转”赛事（图1.25）。

图1.25　轮滑回转

4）自由式轮滑。进行自由式轮滑时，训练员可以较自由地进行轮滑运动，不受限制。自由式轮滑的种类也有许多，可以“刷街”，也可以做一些简单的任意滑行动作（图1.26）。

图1.26　自由式轮滑

5）单排轮滑球/双排轮滑球。轮滑球这一新兴竞技运动以其超乎寻常的惊险、刺激吸引了大众的注意力，成为一大体育娱乐热点。比赛中双方队员脚穿单排轮滑或双排轮滑，手持曲棍，通过传球、控球，最终以将目标圆球射入对方球门里获得分数（图1.27）。

图1.27　单排轮滑球

6）极限轮滑。极限轮滑也叫特技轮滑。极限轮滑鞋分为直排极限轮滑鞋或双排极限轮滑鞋。极限轮滑被年轻人追捧，轮滑场地主要分为FSK（全称为free skating，可翻译为自由轮滑）场地和专业场地，专业场地分道具赛和半管U形池碗池子（图1.28）。

图1.28　极限轮滑

7）滑板。滑板项目可谓极限运动中最早的项目，而今已成为地球上最“酷”的运动。许多极限运动项目均由滑板项目延伸而来。滑板的技巧主要体现在滑杆上、U台上带板起跳等（图1.29）。

图1.29　滑板

8）速度轮滑。速度轮滑类似速度滑冰，是以单排轮滑鞋、双排轮滑鞋为比赛工具的竞赛项目，具体项目有场地赛、公路赛和马拉松赛等（图1.30）。

图1.30　速度轮滑

9）轮滑阻拦赛。轮滑阻拦赛又称作轮滑德比，两支队伍的参赛选手脚穿双排轮滑鞋，在椭圆赛道上竞赛，不仅要比速度，还要比身体对抗。在服装选择上加入了现代的时装元素，因此具有很强的观赏性（图1.31）。

图1.31　轮滑阻拦赛

万盛全项目国家轮滑训练基地将依托已有基础建设轮滑场馆设施，轮滑场馆设施建成投用后可开展所有轮滑项目的比赛和训练。轮滑被列为2020年东京奥运会的正式比赛项目，加之此前国家体育总局已启动"轮转冰跨项选材"计划，这些都将为重庆万盛轮滑运动的发展带来新机遇。

1.2.2　重庆市大学生轮滑协会

2012年前，重庆市校园轮滑发展滞后，中小学轮滑和幼儿园轮滑没有得到重视，高校轮滑主要以社团为主，自发开展联谊活动或者赛事。重庆市南华中学蒋光伟、卜玲芝老师在《重庆市高校轮滑项目课程开展问题初探》（2012）中指出，轮滑课程在重庆市普通高校的开展起步比较晚。相关调查显示，重庆市普通高校中只有15%开设了轮滑课程。在对开设轮滑课的普通高校的学生进行课前轮滑运动经历调查时，发现没有参加过轮滑的学生占69%，练习时间在半年以下的学生占16%，练习时间在半年以上一年以下的学生占7%，练习时间在一年以上的学生仅占8%。另外，我国的中小学校的轮滑课和群众性的轮滑运动开展不够普及，多数中小学校没有开设轮滑课程，参加轮滑运动的中小学生人数非常少、轮滑基础差。

重庆市大中小学中开设轮滑课程的很少，但是重庆市各高校均有轮滑社团，参与人群基数大。2013年3月9日在重庆第二师范学院召开了重庆市高校轮滑项目开展推进会，参会学校包括重庆市各高校30余所。通过会议，整理出重庆市高校轮滑联盟的资料，并申请成立“重庆市大学生轮滑协会”和由重庆市教育委员会主办一年一度的轮滑赛事。此次会议的开展标志着重庆市高校轮滑发展进入快车道，为推动重庆市校园轮滑发展奠定了基础（图1.32）。

图1.32　2013年重庆市高校轮滑项目开展推进会

2013年6月22日，重庆市大学生轮滑协会在重庆第二师范学院挂牌成立。重庆市教育委员会体卫艺处处长夏蒂，重庆市学生体育协会秘书长曹型远，重庆市大学生体育协会主席胡红、秘书处邵洪范与各部门负责人及重庆第二师范学院张伟副校长、教师教育学院院长江净帆等出席了大会。来自重庆大学等30余所高校轮滑协会代表和重庆第二师范学院体育教育专业、轮滑俱乐部200余人参加了成立大会。会上，张伟副校长代表学校致辞并感谢重庆市教育委员会、重庆市学生体育协会和重庆市大学生体育协会对重庆第二师范学院体育文化建设及轮滑项目开展所给予的关心与支持，同时对新成立的轮滑协会提出了工作要求。重庆市学生体育协会秘书长曹型远宣读了协会机构成员名单：重庆第二师范学院教师教育学院副院长吴红豫担任协会主席、教师教育学院体育教研室副主任孟现录担任秘书长。随后，重庆市教育委员会体卫艺处处长夏蒂将重庆市大学生轮滑协会挂牌授予重庆第二师范学院教师教育学院院长江净帆，同时为协会主席、秘书长人员颁发了证书。成立大会上，重庆市教育委员会体卫艺处处长夏蒂及重庆市大学生体育协会主席胡红先后发表了讲话。夏蒂处长对广泛开展轮滑这个新兴运动项目给予了充分肯定，希望新成立的轮滑协会承担起项目“普及推广”、

“提高水平”和“组织竞赛”三项任务，并积极探索市场化运行的道路，努力为重庆市大学生体育文化的繁荣做出贡献。夏蒂处长还表示要将轮滑纳入重庆市高校大学生年度竞赛项目，以规范化的赛事来助推本项目发展。夏蒂处长最后还希望通过三年的努力，重庆市能有一半以上的高校参与这个项目的推广与比赛，使本项目成为重庆市高校体育文化建设的亮丽风景线。履新的轮滑协会机构成员对重庆市学生体育协会、大学生体育协会的工作支持表示了衷心感谢，并一致表达了要将轮滑项目发扬光大的信心与决心。中国轮滑协会和中国大学生体育协会鼓励有条件的高等院校和中小学将轮滑纳入校园体育课程体系，与地方协会、高等院校、轮滑俱乐部等轮滑主体协同推进，开展多样化的轮滑人才培养活动（图1.33、图1.34），以充分挖掘轮滑阳光、时尚、健康的运动内涵，发挥轮滑在强身健体、锻炼心智方面的积极作用，弘扬团结协作、努力拼搏的体育精神。

图1.33　重庆市大学生轮滑协会会微

图1.34　重庆市大学生轮滑协会成立大会暨首届轮滑教学法培训班开班仪式

1. 研讨教学方法，提高教师水准

重庆市大学生轮滑协会成立后，积极协助重庆市教育委员会完成轮滑教师培训和交流活动，来自全重庆市高校及社团的负责人参加了轮滑基础知识、速度过桩轮滑基

本技术、轮滑基本技术教学方法和轮滑竞赛规则与裁判方法等教学方法和内容的培训。在重庆市教育委员会的引导下，重庆市大学生轮滑协会携手重庆第二师范学院共同完成对教师的技术培训和对社团的指导，充分表现教育职能部门、协会、学校甚至轮滑俱乐部共同推进高校轮滑运动的决心（图1.35）。

图1.35　重庆市高校轮滑推动会暨教学法培训班开班仪式

案例九

【背景】

重庆市高校轮滑运动主要以学生社团的方式进行维护。学生社团运行中社长的作用极为重要，若社长积极推动，社团发展将具有较强的活力，若社长不积极主动地推动，社团发展将存在滞后的困境。但是，单纯地以社团来发展轮滑的模式缺乏生命力，为推动高校轮滑的发展，重庆市大学生轮滑协会成立后，每年举办高校教师轮滑教学法培训班。重庆市高校轮滑推动会暨教学法培训班开班仪式具体安排如下。

重庆市高校轮滑推动会暨教学法培训班开班仪式

一、时间

2015年4月25日（星期六）上午9:00

二、地点

重庆第二师范学院南山校区5506会议室

三、主持人

孟现录　重庆市大学生轮滑协会秘书长

四、参加开幕式人员

江净帆　重庆第二师范学院教师教育学院院长

吴红豫　重庆市大学生轮滑协会主席

何晓渝　重庆市大学生轮滑协会副主席

兰李淋　重庆市大学生轮滑协会副秘书长

五、开幕式议程

1．介绍参加开幕式的领导与嘉宾。

2．重庆第二师范学院教师教育学院院长江净帆致辞。

3．重庆市大学生轮滑协会主席吴红豫宣读聘任文件。

4．重庆市大学生轮滑协会主席吴红豫颁发常委理事聘书。

5．重庆市大学生轮滑协会主席吴红豫、副主席何晓渝颁发委员聘书。

6．重庆市大学生轮滑协会副秘书长兰李淋解读重庆市十佳社团和先进个人评选方案。

7．四川外国语大学汪怡婷代表高校轮滑选项课教师发言。

8．重庆市大学生轮滑协会主席吴红豫介绍2015年重庆市大学生轮滑比赛竞赛安排，并宣布2015年重庆市高校轮滑教学法培训开班。

9．集体合影留念。

附件：

重庆市大学生轮滑协会关于

《重庆市“十佳轮滑社团”评选规定》的试行方案

为了进一步推进我市轮滑运动的发展，并促进轮滑项目在大学生的知名度和影响力，提高大学生对轮滑项目的热爱与激情，并表彰我市大学生先进轮滑社团、个人和指导老师，特制定本条例。

第一章　评选对象

第一条　“十佳轮滑社团”的评比对象为全重庆市所有高校以及轮滑社团的指导老师和会员，在各个高校轮滑社团需为正式登记注册一年以上（含一年）的合法社团，并且通过资格审查的学生社团。

第二章　评选条件

第二条　社团规模：注册登记成立一年以上；注册会员在50人以上；社团成员组成体现跨院系组合。各个高校需提交书面申报材料，参加“重庆大学生十佳社团”评选活动。

第三条　组织建设：有健全的社团章程；有团结实干、工作富有成效的理事会成员；部门设置合理，人员配置齐全；能自觉遵守学院社团管理规章制度，严格按照学校及团委的有关规定开展各项工作，无违纪记录；有较好且相对固定的组织宣传方式，如社团自己的网站、网页。

第四条　指导力量：有积极投入的指导老师。

第三章　评选办法

第五条　“十佳轮滑社团”的评比将在重庆市大学生轮滑协会的指导下，由大学生轮滑协会工作人员严格按照本条例及相应参评表组织评定。

第六条　凡符合评选条例的各个高校学生社团均具有评比资格，可报名参加“十佳轮滑社团”的评选。

第七条　各个高校年度，轮滑社团成员参加重庆市内轮滑比赛并获得名次可得到1～8分的加分（只取前八），第一名8分，第二名7分，第三名6分，以此类推。各个高校需按照评选要求提交在评选年度范围内的有关材料。

第八条　各个高校年度，轮滑社团成员参加全国性的轮滑比赛并获得名次，获得1～5名，加20分；获得6～10名，加15分；获得11～15名，加10分；获得16～20名，加5分（只取前20名）。各个高校需按照评选要求提交在评选年度范围内的有关材料。

第四章　奖　　励

第九条　根据评选办法第三、四条，综合得分位于前十的轮滑社团，将获得重庆市“十佳轮滑社团”称号，并颁发荣誉证书。

第十条　获得重庆市“十佳轮滑社团”称号的社团的指导老师将获得由重庆市大学生轮滑协会颁发的“优秀指导老师”称号，并颁发荣誉证书。

第十一条　获得重庆市“十佳轮滑社团”的社团可推荐1～3名学生，经过重庆市大学生轮滑协会考核后可获得“优秀轮滑个人”称号，并颁发荣誉证书。

第五章　其　　他

第十二条　本实施方案解释权归重庆市大学生轮滑协会。

【总结】

重庆市大学生轮滑协会在发展中，逐步推进和完善机构设置。重庆市高校轮滑推动会暨教学法培训班开班仪式于2015年4月25日在重庆第二师范学院举办，对重庆市部分高校轮滑项目负责领导或者指导教师颁发常委理事或者理事聘书，使其发挥高校骨干教师和领导的校园积极推广作用。同时，颁布实施重庆市“十佳轮滑社团”和先进个人评选方案，极大地鼓励轮滑社团发展，推进社团在高校轮滑发展中的引领作用。四川外国语大学汪怡婷老师代表高校轮滑选修课教师发言，分享轮滑在大学体育课程中的安排、行课、推进等情况，为开展轮滑课程的其他高校提供参考。重庆高校开展轮滑课程的学校有重庆第二师范学院、重庆科技学院、重庆师范大学、重庆电子工程职业学院、重庆青年工业职业学院、三峡学院、重庆师范大学城市科技学院和四川外国语大学等8所高校，还有预开展和筹备开展轮滑课程的高校6所。高校开展轮滑课程，大大促进了轮滑课程在中小学和幼儿园的开展，同时推进了轮滑俱乐部走进高校文化活动、走进高校轮滑社团、走进高校教学课堂，高校协同教育职能部门、协会等推进了轮滑运动在学校的发展。

2. 推进竞赛服务，提升平台质量

近几年来，“轮滑进校园”活动一直是中国轮滑界发展的重点，在国家下发的《中共中央 国务院关于加强青少年体育增强青少年体质的意见》（中发〔2007〕7号）和《全民健身条例》精神的指引下，从2011年开始，国家体育总局社会体育指导中心、中国大学生体育协会、中国中学生体育协会和中国轮滑协会就已经在全国31个省、自治区、直辖市的大学、中学和小学陆续开展了阳光体育“轮滑神州”校园行活动，“轮滑进校园”活动已实行了更加成熟的发展模式，为在校学生们带去轮滑培训、教学、交流、自由式与花样轮滑表演、速滑与轮滑球比赛、轮滑刷街、轮滑夏令营、轮滑旅游向导、轮滑健身讲座等系列活动，并特派专业轮滑教练进校园进行表演和辅导，促进与学校师生深入互动和交流，全面促进轮滑运动的普及与发展（图1.36）。

图1.36　2017年重庆市“高正教育杯”大中小学生轮滑比赛

案例十

【背景】

2013年，由重庆市教育委员会主办，重庆市大学生轮滑协会和重庆第二师范学院共同承办的重庆市大中小学生轮滑比赛顺利举行。该竞赛平台的搭建促进了学校轮滑项目开展。重庆市教育委员会关于印发《2014年重庆市大学生体育竞赛计划》的通知具体如下。

重庆市教育委员会关于

印发《2014年重庆市大学生体育竞赛计划》的通知

渝教体卫艺〔2014〕3号

各高校，市大学生体育协会：

《2014年重庆市大学生体育竞赛计划》已经得到市教委同意，现印发给你们，请结合本校实际，认真做好参加有关竞赛的组队、集训和参赛等工作。有关竞赛的具体工作由重庆市大学生体育协会负责。各项目竞赛规程、报名表、竞赛日程、成绩册等，请在重庆市学校体育卫生艺术国防教育网站下载。

重庆市教育委员会

2014年2月11日

【总结】

重庆市教育委员会办公室通过发布年度学生体育竞赛计划，通过正式文件传达，促进轮滑赛事在重庆市校园发展。2014～2017年，重庆市连续四年举办大中小学生轮滑比赛，由最初200多人发展到2017年的880多人，参赛队伍由16个单位发展到107个单位。轮滑运动有利于丰富学生文化生活，提升学生身心素质，提高学生交际能力，培养学生积极向上的情操，引导正确的人生观、价值观，促进各学校轮滑运动的发展及轮滑文化的交流；同时，有利于展示学校轮滑竞技成果，帮助学校树立良好形象，促进学校之间的交流与提升。

3．协助互利发展，巩固校园轮滑

在重庆市教育委员会和重庆市学生体育协会的指导下，重庆市轮滑协会组织开设校园轮滑指导教师培训班，这对提升学校教育内涵和文化活力，丰富“一校一品”和“一校多品”项目实验内容，促进重庆市轮滑运动示范学校建设，鼓励学校积极参加“重庆市轮滑运动示范学校”和“中国轮滑运动示范学校”申报系列活动具有积极的促进作用。2015年重庆市教育委员会和重庆市学生体育协会启动重庆市轮滑运动示范学校评选活动，全市20所中小学积极申报，最后确定4所学校为重庆市轮滑运动示范学校，极大地推动了重庆市校园轮滑的发展。同时，开设校园轮滑指导教师培训班，对中小学校园轮滑教师进行培训，并与重庆市轮滑协会共同举办“轮滑校园行”交流活动。通过近三年的努力，重庆市已有16所学校获得“重庆市轮滑运动示范学校”，2所学校获得“中国轮滑运动示范学校”称号，其中荣获“中国轮滑运动示范学校”称号的分别是重庆第二师范学院和重庆市南岸区上浩小学。

案例十一

【背景】

学校体育文化建设中，轮滑作为一项时尚新兴的运动项目备受学生喜爱，对培育轮滑运动文化，营造健康、阳光、时尚的轮滑文化氛围具有重要意义。中国轮滑协会和中国大学生体育协会以组织阳光体育“轮滑神州”校园行活动为切入点，加强与教育部门合作，积极促进体教结合，推动轮滑运动在学校中的普及。中国轮滑协会的主管单位为国家体育总局，中国大学生体育协会从属于教育部，是高层面的“体育”和“教育”的协作推进单位。重庆市学生体育协会和重庆市轮滑协会在高层次的“体育”和“教育”的协作推进单位的指导下，推动学校轮滑运动效果显著。中国轮滑协会关于命名中国轮滑运动示范学校的决定和重庆市轮滑协会、重庆市学生体育协会关于命名重庆市轮滑运动示范学校的决定分别如下。

关于命名中国轮滑运动示范学校的决定

社会体育协会字〔2017〕11号

各有关单位：

为推动中国轮滑运动的发展和学校轮滑运动的普及，经省级体育主管部门和轮滑协会的推荐，中国轮滑协会决定命名北京工业大学附属中学英才分校等18所学校为中国轮滑运动示范学校，有效期为2017～2019年。

1. 北京工业大学附属中学英才分校。
2. 长春汽车经济技术开发区第二实验小学。
3. 南京市月苑第一小学。
4. 南京市银城小学。
5. 南京市莲花实验学校。
6. 苏州市阳山实验学校。
7. 苏州市吴江区盛泽实验小学。
8. 南通市如东县实验小学。
9. 常州市武进清英外国语学校。
10. 合肥市蜀山小学。
11. 芜湖市荆山小学。

12. 庐江县罗河镇中心小学。

13. 广州市南石中学。

14. 重庆市南岸区上浩小学。

15. 乌鲁木齐市第五十四中学。

16. 大连海洋大学。

17. 青岛榉园学校。

18. 青岛市实验小学。

希望各学校能以此为契机，加大对青少年阳光体育活动的支持和投入，促进轮滑运动在学校的普及开展，全面提高青少年身心素质。

中国轮滑协会

2017年1月16日

关于命名重庆轮滑运动示范学校的决定

渝轮字〔2018〕002号

各有关单位：

为推动重庆市轮滑运动的发展和学校轮滑运动的普及，经学校自我推荐和区县轮滑协会推荐，重庆市轮滑协会和重庆市学生体育协会决定命名涪陵新区上海新纪元（重庆）学校等4所学校为重庆市轮滑运动示范学校，有效期为2018～2019年。

1. 涪陵新区上海新纪元（重庆）学校。

2. 秀山县迎凤小学。

3. 重庆市北碚区复兴小学。

4. 重庆江北圜园教育金砂幼儿园。

希望各学校能以此为契机，加大对青少年阳光体育活动的支持和投入，促进轮滑运动在学校的普及开展，全面提高青少年身心素质。

重庆市轮滑协会

重庆市学生体育协会

2018年1月16日

【总结】

中国轮滑协会以组织阳光体育“轮滑神州”校园行活动为切入点，加强与教育部门合作，积极促进体教结合，推动轮滑运动在学校的普及。重庆市轮滑协会和重庆市学生体育协会协作推动，让在校师生深入了解轮滑运动，根据学校条件选择适宜的轮滑项目。以地方政府、俱乐部、行业公司购买服务的方式，支持学校与社会培训机构合作开展轮滑教学活动。鼓励轮滑俱乐部走进学校，提供技术力量，协助学校规划建设轮滑活动场所；鼓励高校轮滑教师参与编写校本教材，使轮滑成为特色学校长期坚持开展的课外体育活动。

4. 开展校园轮滑论坛，吸取各方经验

在国内校园轮滑发展中，“云兴”轮滑模式在全国校园轮滑中树立了一面旗帜，对全国校园轮滑发展具有示范作用，很多校长、教育代表到云兴小学参观，“云兴”轮滑模式为推动全国校园轮滑发展起到了极大的作用。2016年，重庆市轮滑协会和重庆市大学生轮滑协会邀请原徐州教育委员会委员徐友成到重庆交流校园轮滑发展模式，经过研究和实践探索，重庆探索出“协会引领、行业及俱乐部助力、学校配合、家庭支持”协同发展思路，由重庆市轮滑协会和重庆市大学生轮滑协会主办，中国轮滑协会支持的首届全国校园轮滑发展论坛拉开序幕（图1.37）。

图1.37　首届全国校园轮滑发展论坛

案例十二

【背景】

为有效破解我国校园轮滑发展过程中存在的瓶颈问题，高度融合职能部门、轮滑俱乐部和学校等各方有效合作，借鉴校园轮滑发展先进经验，总结国内已有成果，厘清校园轮滑教师人才培养的基本内涵及特征，探求轮滑俱乐部校园行有效路径，有关部门举办了首届全国校园轮滑发展论坛。首届全国校园轮滑发展论坛（图1.38）简介如下。

图1.38　中国轮滑协会官方网站

首届全国校园轮滑发展论坛

一、论坛主题

轮滑校园行，协作促共赢

二、论坛标志

"首届全国校园轮滑发展论坛"的会议logo（标志）造型以"S"为主，"S"代表SCHOOL的首字母和首届的"首"字汉语拼音"SHOU"的首字母以及SKATING（轮滑）的首字母。logo中左侧上下两个"C"代表"手"，寓意以校园轮滑为核心，携手协作，共同促进轮滑发展（图1.39）。

图1.39　"首届全国校园轮滑发展论坛"的会议logo

三、论坛内容

（一）学术研讨。通过理论研讨、学术交流以及成熟的校园轮滑发展相关理念与经验，破解轮滑俱乐部接轨校园轮滑发展困惑，厘清校园轮滑教师人才培养的基本内涵及特征，探求轮滑俱乐部校园行有效路径，从而形成研究成果，为我国校园轮滑的健康、可持续发展提供理论支撑。

（二）实践交流。通过特邀专家进行教学实践指导和选取“轮滑校园行”活动中代表性学校的典型经验以及全国知名俱乐部助推校园轮滑发展的鲜活做法，为理论研究者、相关大中小学校和轮滑俱乐部提供案例和范本，力推我国校园轮滑的良性运转。

四、论坛特色

（一）此次论坛是“轮滑进校园”首个大型的论坛交流活动，在我国轮滑运动发展处于急速发展阶段的关键时期举办，其内容将会对校园轮滑发展、俱乐部与校园接轨、俱乐部良性运转等产生重要影响。

（二）此次论坛邀请了与轮滑校园工作相关的主管职能部门、大中小学校、科研机构、基础教育领域等方面的专家学者和一线校长以及全国知名轮滑俱乐部负责人和教练员参加，其目的在于融合各方面的资源，拓宽校园轮滑师资培养视野，探索轮滑俱乐部与校园轮滑发展路径，共同推进轮滑事业发展。

五、论坛日程

“首届全国校园轮滑发展论坛”于2017年12月30日上午开幕，12月31日下午闭幕，论坛的主题包括：

（一）主会场：重庆第二师范学院。

1. 校园轮滑发展的政策支持与协作助推。

2. 轮滑俱乐部和校园轮滑师资培养的理论与实践。

3. 轮滑俱乐部与校园轮滑接轨发展的路径探讨。

（二）分会场：重庆市南岸区上浩小学。

1. 校园轮滑课程教学实践。

2. 轮滑特色课程建设分享。

3. 轮滑俱乐部与学校协作推进校园轮滑。

附表：“首届全国校园轮滑发展论坛”日程安排（表1.6）

表1.6 “首届全国校园轮滑发展论坛”日程安排

日期	时间	内容	地点	报告人/负责人	主持人
12月29日	14:00—18:00	报到	学术交流中心516办公室	尹忠根	冉凤民

续表

日期	时间	内容	地点	报告人/负责人	主持人
12月30日	9:00—9:50	开幕式	泉山厅	孟现录	李采丰（教师教育学院副院长）
	10:00—12:00	报告：协作发展与教学分享	泉山厅	袁吉（北京十一学校教师、北京轮滑联盟主席）	
	12:10—13:00	午餐	学术交流中心3楼	尹忠根	姜琴
	13:05—13:35	集合（统一坐大巴前往上浩小学）	学术交流中心大厅		
	14:20—14:50	校园轮滑课程教学实践与展示（一）	上浩小学综合运动场	卞洪海、李小龙（上浩小学、星联盟）	谭应春（上浩小学）
	14:50—15:20	校园轮滑课程教学实践与展示（二）		袁吉（北京十一学校教师、北京轮滑联盟主席）	
	15:20—15:30	茶歇（转移至报告厅）			
	15:30—16:00	专家点评：人身平衡来自轮滑	上浩小学报告厅	张钟铸（体育教研员）	
	16:00—16:20	校社协作促发展——上浩小学轮滑特色课程建设分享		王春勤（上浩小学校长）	
	16:20—16:30	轮滑课程，我们在行动——参与建设的教师分享		黄水莲（上浩小学教师）	
	16:30—17:00	用商业的思维做公益的事		何建敏（星联盟体育总经理）	
	17:00—17:10	集合（统一坐大巴前往重庆第二师范学院）		尹忠根	姜琴
	17:30—18:00	晚餐	学术交流中心3楼		
12月31日	9:00—9:40	发挥协会指导作用，推动校园轮滑发展	泉山厅	张华（苏州轮滑协会）	李采丰（教师教育学院副院长）
	9:40—10:20	培训机构如何接轨学校		潘明亮（珠海金旋运动总经理）	
	10:20—10:30	"特色轮滑小镇"授牌仪式		市轮协授牌，复兴镇接牌	
	10:30—11:00	复兴镇"三点一线"开启辖区轮滑新征程		廖春敏（复兴镇文化办主任）	
	11:00—11:10	"校园委员会"授牌仪式		市轮协授牌，上浩小学接牌	
	11:10—11:40	协同校园轮滑开展		黄星（重庆市轮滑协会）	
	11:40—12:00	大会总结		李采丰（教师教育学院副院长）	
	12:00—13:30	午餐（午餐后自行离会）			

【总结】

2017年12月30日，由国家体育总局社会体育指导中心、中国轮滑协会主办，重庆市轮滑协会和重庆第二师范学院和重庆市南岸区上浩小学承办的首届全国校园轮滑发展论坛顺利举行。本次论坛以“轮滑校园行，协作促共赢”为主题，探索校园轮滑发展有效路径。重庆第二师范学院党委书记邹渝，国家体育总局轮滑项目主管、中国轮滑协会副秘书长刘育廷，重庆市体育彩票管理中心主任、重庆市轮滑协会主席张小波，重庆市轮滑协会秘书长、重庆市大学生轮滑协会秘书长孟现录，重庆市社会体育指导中心副主任李涛，重庆市沙坪坝区体育局局长黄华东及重庆第二师范学院相关职能部门、教师教育学院负责人出席了论坛开幕式。参加论坛的还有来自全国各校园轮滑主管部门的管理干部、大中小学校及科研机构的轮滑教学和科研人员、社会知名轮滑俱乐部负责人、轮滑界的教练员与裁判员等。轮滑运动作为近年来在我国快速发展的新兴体育项目，目前已列入全国运动会赛事项目，正在筹备进入奥林匹克运动会、亚洲运动会、全国青年运动会等重要赛事，论坛对推进校园轮滑发展具有重要意义。开幕式上，张小波对重庆市近几年轮滑运动的蓬勃发展作了介绍；刘育廷谈到希望论坛聚焦“轮滑”与“校园”两个主题，积极探讨轮滑在校园的发展方向；邹渝在最后的讲话中分享了对轮滑运动的认识，并希望社会各界共同努力，推动轮滑事业的发展。此次论坛主题鲜明、内容丰富，既有领导及专家的引领，也有来自一线教师的教学展示；既有来自全国一流中学教师的经验分享，也有重庆基层学校对轮滑运动发展的感悟；既有教学技能交流，也有校企合作模式探讨。与会专家和代表在为期3天的论坛中各抒己见，共同探索出轮滑运动在学校发展中的新思路、新途径，力争为轮滑体育运动事业的发展做出新的贡献。

1.3 区县轮滑协会和轮滑联盟

重庆市各区县轮滑发展不同，区县轮滑协会和轮滑联盟是重庆市轮滑发展的重要组成部分。区县轮滑协会和轮滑联盟在重庆市轮滑协会的指导下开展具体的配合工作。各类各级竞赛活动的参与，轮滑公益活动进校园、社区，轮滑产业峰会组织与实施，是协会协同发展的重要体现。上级协会没有下级协会或者大型俱乐部的支持，很难将轮滑运动推广普及到一定高度，难以营造浓厚的轮滑氛围。而只有营造浓厚的轮滑氛围，才可促使地方协会和俱乐部相互依存、协同前行。重庆市部分区县协会或者轮滑联盟情况如下。

1.3.1　秀山土家族苗族自治县轮滑协会

2013年，秀山土家族苗族自治县（以下简称秀山县）轮滑协会成立，个人会员发展到50人。主要活动为开展秀山首次轮滑赛，参加重庆市第三届全民健身轮滑运动会。

2014年，个人会员发展到120人。主要活动为承办秀山首届“飞鹰杯”速度轮滑赛，参加重庆市第四届全民健身轮滑运动会。

2015年，个人会员发展到220人。主要活动为承办秀山第二届“飞鹰杯”速度轮滑赛，承办秀山首届“太子奶杯”速度轮滑邀请赛，承办秀山第一届全民健身轮滑运动会，举办“6 • 1”关爱留守儿童爱心活动，参加重庆市第五届全民健身轮滑运动会，参加重庆市队选拔赛暨第二届“舞渝轮比”轮滑大赛。

2016年，个人会员发展到300人。主要活动为承办秀山第二届“太子奶杯”速度轮滑赛，承办秀山第二届“红魔杯”全民健身轮滑赛，承办秀山第二届“村头杯”速度轮滑邀请赛，参加重庆市第六届全民健身轮滑运动会，参加西昌国际马拉松公路赛，参加重庆市首届公路赛，参加重庆市轮滑运动员考级，组织参加中国轮滑协会培训。

2017年，重庆市轮滑协会主办、秀山县轮滑协会承办2017年重庆市轮滑裁判员培训（秀山）暨轮滑（速度轮滑）运动技术等级考核会。

2017年8月18日，重庆市第七届全民健身运动会轮滑比赛在秀山举办（图1.40）。本次比赛由重庆市体育局、重庆市直机关工委、重庆市总工会主办，重庆市轮滑协会、秀山县文化委承办，秀山县轮滑协会协办。本次比赛项目设有速度轮滑、自由式轮滑、轮舞和轮滑球，与往年参赛项目相比增加了轮滑球。自由式轮滑的速度过桩采用各个组别男女同时进行比赛，大大缩短了比赛时间。同时速度轮滑、自由式轮滑、轮滑球分三个场地同时进行比赛，其中速度轮滑在会展中心室内进行，紧张而又刺激；自由式轮滑和轮滑球，在花灯广场上进行，更有利于选手的发挥。本次比赛秀山县轮滑协会在后勤保障方面给予了支持，为重庆区县群众体育活动的开展作出较大贡献。

图1.40　2017年重庆市第七届全民健身运动会轮滑比赛

1.3.2　南岸区轮滑协会

南岸区轮滑协会成立于2014年4月28日，位于重庆市南岸区江南体育中心，是有50多名会员和骨干成员的优秀团体。南岸区轮滑协会在重庆市轮滑协会和南岸区体育局的带领下逐步壮大，2016年12月24日承办了西南区轮滑球城市联赛；2017年4月3日承办了西南区轮滑俱乐部大奖赛，该赛事参赛队伍69支，参赛队员多达900多人，南岸区轮滑协会代表队在比赛中获得团体第一名。

2014年，南岸区轮滑协会代表队参加了重庆市第四届全民健身运动会，获得了团体第三名；2015年，南岸区轮滑协会代表队参加了重庆市第五届全民健身运动会，获得团体第二名；2016年，南岸区轮滑协会代表队参加了重庆市第六届全民健身运动会，获得团体第二名；2017年，南岸区轮滑协会代表队参加了重庆市第七届全民健身运动会，获得团体第二名。

2015年，南岸区轮滑协会组织会员单位参加了社会体育指导员培训班，其中有20名会员顺利通过考核。

2016年，南岸区轮滑协会开办轮滑教练员实战培训班，让更多的轮滑爱好者加入轮滑运动，并在重庆市轮滑协会、南岸区体育局的指导下，主办南岸区轮滑球邀请赛（图1.41）。

图1.41　南岸区轮滑球邀请赛

2016年，南岸区轮滑协会在重庆市轮滑协会指导下进入校园推广轮滑，并配合南岸区上浩小学开设轮滑特色课程。

在重庆市轮滑协会和南岸区体育局的指导下南岸区轮滑协会将会发展得越来越好，让更多的南岸人了解和参与到轮滑运动中。

1.3.3　沙坪坝区轮滑协会

重庆市沙坪坝区轮滑协会创建于2015年，现拥有会员1000余人。自成立以来，该协会与重庆市轮滑协会保持着密切合作关系，积极带队参加重庆市全民健身运动会并获得了较好成绩。2016年，在沙坪坝区体育局领导带领下，在童家桥社区、大学城社区、土湾社区等社区成功举办“好体育人”活动，并得到了重庆市体育局领导的高度赞扬及肯定。2016年沙坪坝区轮滑协会单项活动开展情况记录：2016年5月13日～14日两天成功举办“好体育人”评选活动，承办单位包括沙坪坝区轮滑协会、“好体育人”志愿队及社区服务人员，本次活动由天星桥、天骄年华、双碑、紫荆、渝翔共同举办。

2016年10月沙坪坝区轮滑协会与沙坪坝商圈委员会、沙坪坝区体育局在重庆大学共同成功举办沙坪坝区全民健身运动会，同年，沙坪坝区轮滑协会与沙坪坝商圈委员会共同成功举办沙坪坝区三峡广场健康体育节。2017年8月5日，沙坪坝区轮滑协会等在沙坪坝区三峡广场举办“好体育人在行动”志愿者服务活动，重庆市体育局局长、沙坪坝区区长等领导出席了开幕仪式。

1.3.4 重庆市轮滑协会万州分会

2016年7月9日，重庆市轮滑协会万州分会（简称万州区轮滑协会）在重庆三峡学院成立（图1.42）。

图1.42　重庆市轮滑协会万州分会成立大会

2017年5月13日～14日，万州区轮滑协会协助重庆市轮滑协会完成在万州举办的2017年重庆市轮滑裁判员培训（万州）暨轮滑运动技术等级考核。同年6月28日～30日在万州区五桥腾马欢乐城举办了重庆市万州区“腾马欢乐杯”轮滑公开赛，本次比赛设有自由式轮滑、速度轮滑、趣味钻杆、趣味团队拔河赛和轮滑球，这是首次由万州区轮滑协会完成趣味和竞技全项目的比赛，体现了万州区轮滑协会的执行力和凝聚力。

1.3.5 重庆星联盟轮滑

重庆星联盟体育文化传播有限公司成立于2015年，在重庆市沙坪坝区注册，是一家专注轮滑、专注训练、优化资源、积极进取的轮滑产业运营机构。星联盟和重庆市轮滑协会、重庆市大学生轮滑协会都有着密切的合作关系，同时是重庆市体育局推广和发展轮滑运动的合作单位。

星联盟从最初几个人的创业团队到现在，已经发展到50个人的专业团队。从领导层到门店教练及品牌推广员，其体内都流淌着轮滑的“热血”，为轮滑事业的发展努力拼搏。

重庆星联盟体育文化传播有限公司旗下有四个主营部门，分别为：直营青少年轮滑俱乐部、青少年专业轮滑队伍、校园轮滑推广中心和轮滑器材品牌贸易部门。其中青少年轮滑俱乐部有六家飞鹰轮滑直营校区，发展学员10 000多人。青少年专业轮滑队伍包含速度轮滑队和轮滑球队，都代表着我国西南地区最高技术水平，其中速滑队员取得过全国赛冠军，轮滑队员取得过全国赛亚军。校园轮滑推广中心致力于推广普及校园轮滑运动，其与重庆市南岸区上浩小学合作开展轮滑特色课程，协助该校成为重庆唯一获得全国轮滑示范学校的小学。轮滑器材品牌贸易部门涵盖了西南地区的国内外一线品牌K2、美洲狮、飞鹰Takino等，为轮滑运动的发展提供相应的装备支持。

轮滑不仅是休闲娱乐项目，还是2022年亚运会的热门竞技项目。重庆星联盟体育文化传播有限公司与重庆市轮滑协会和重庆市大学生轮滑协会及南岸区轮滑协会都有着密切的合作关系，它们同时大力推动轮滑在小学和幼儿园体育课中的应用。重庆星联盟体育文化传播有限公司及教练员曾在重庆市轮滑协会2017年度举办的活动中获多项荣誉。

重庆星联盟体育文化传播有限公司的活动宗旨是：倡导将运动与快乐、健康与学习紧密结合，让我们的学员能够取得更加优异成绩的同时，提高综合素质；教学课程打破传统的“陪玩”模式，深度结合国际轮滑ICP教学系统，教学体系规范化，将理论与动作融会贯通，让学员在轮滑中学会礼仪礼貌、专注团结。

该公司具有丰富的赛事承办经验并承办了重庆本地区赛事，如重庆市全民健身速度轮滑比赛、重庆市中小学速度轮滑运动会、川渝速度轮滑挑战赛、西南地区轮滑邀请赛、重庆速度轮滑国际邀请（公开）赛、全国大学生速度轮滑公开赛等。2016年4月，重庆星联盟体育文化传播有限公司承办了由重庆市轮滑协会主办的“红魔杯”2016年西南区轮滑大奖赛。重庆星联盟体育文化传播有限公司以专注轮滑培训、服务西南轮滑的精神，吸引了众多志同道合的企业共同投身到发展西南轮滑的服务事业中来。

重庆星联盟体育文化传播有限公司课程模块主要包括以下内容。

1．国际轮滑ICP教学

ICP即直排轮认证课程，全称为Inline Certification Program，是由国际直排轮滑协会（International Inline Skating Association，IISA）开发，用以保护和发展大众轮滑的安全教学课程。从1991年ICP便被公认为是最安全、有趣而有效的教学课程，是目前全世界直排轮滑教学的基准。

2．速度轮滑

速度轮滑是一项真正集速度与激情的运动，重庆星联盟体育文化传播有限公司速度轮滑队主要以中国轮滑协会专业速度教材为根基，邀请多名国家高级教练员任教。在课程设置与教学中，力求最大限度地让轮滑爱好者取得技术进步，磨炼坚强团结的意志品质。队伍中不仅有多名运动员入选重庆市轮滑队，而且队员在全国多地比赛中取得了优异成绩。

3．轮滑球

轮滑球运动以其独特的比赛形式深受孩子喜爱并发展迅速。轮滑球来源于冰球，所以又名陆地冰球。因为冰球在欧美国家很多高校都是热门运动项目，所以很多家长送孩子学习轮滑球运动多为出国做准备。另外，很多家长把孩子送到重庆星联盟体育文化传播有限公司学习，是希望孩子能在“激烈的撞击”中感受到团体运动的魅力。

1.3.6　斯凯廷体育联盟

斯凯廷体育联盟的前身为“THE ONE”轮滑俱乐部联盟，于2016年更为现名。斯凯廷体育联盟由重庆斯凯廷体育文化传播有限公司牵头组织，其联盟活动宗旨是圆千万孩子轮滑梦的理想，以教授技能、德育、思维为目标，力图达到教书育人的目的。

使命：圆千万孩子轮滑梦。

愿景：做中国轮滑教育培训行业第一品牌，成为最懂孩子心、家长情、让更多员工有幸福感的优秀教育企业。

价值观：

1）诚信：诚实正直，言行坦荡。

2）团队合作：共享共担，踏实做事。

3）激情：乐观向上，永不言弃。

4）拥抱变化：迎接变化，勇于创新。

5）敬业：技能专业，精益求精。

6）客户第一：客户是衣食父母。

联盟从成立以来一直致力于推动轮滑产业的发展，作为重庆市轮滑协会的会员单位，积极配合协会组织赛事、行业交流、公益培训、轮滑校园行等活动促进产业的发展，旗下“爱溜”轮滑俱乐部在陆地冰球和自由式轮滑项目上培养了大量优秀的裁判员、教练员、运动员。近年斯凯廷体育联盟发展迅速，从组建时的5家俱乐部到目前的23家俱乐部，俱乐部业务水平稳步提高，多名学员在重庆市各项比赛中成绩优异。

斯凯廷体育联盟致力于自由式轮滑和轮滑球的推广，每年举办五场以上的联盟赛事，目前在赛事上涌现出了大量优秀选手。经过两年多的努力，自由式轮滑中的速度过桩、花式绕桩、轮滑舞蹈已成风靡之势，重庆籍选手冯辉荣获自由式项目花式绕桩首位五连冠世界冠军称号，刘佳欣紧随其后荣获自由式Battle项目世界冠军，谭镇东在北戴河全国公开赛中荣获全国冠军，卓煊淏在全国锦标赛上荣获全国冠军，这些优异的成绩衬托出了该项目在重庆发展的盎然生机。目前重庆有50家以上的俱乐部在积极开展该项目，每年的赛事参赛人数持续增长，接下来联盟会加大投入，持续推广自由式轮滑项目，让自由式轮滑在渝都大地生根发芽。

轮滑球作为轮滑项目中少有的团队项目，进入重庆市后就展示了它独特的魅力。2016年，斯凯廷体育联盟积极引入优秀教练员，邀请了冰球项目的前国家队队员担任主教练，并请到了我国台湾轮滑球项目的名宿王顺国先生来渝执教。同时，斯凯廷体育联盟也组织各俱乐部积极参与到教练员、裁判员的培训工作中。经过短短的一年时间，重庆轮滑球队伍从无发展到现在的十几支，由斯凯廷执教的两支队伍在2017年重庆市教育局主办的大中小学比赛上斩获了小学A组和B组的冠军。

1.3.7　“溜溜派对”轮滑联盟

“溜溜派对”轮滑联盟成立于2008年，是重庆最早一批致力于推广轮滑运动的培训单位，至今“溜溜派对”轮滑联盟内拥有多家联盟合作培训单位，其中，在重庆有超过40家合作互通学习单位。在重庆市轮滑协会的指导下，经过几年的教学经验积累，“溜溜派对”轮滑联盟不断完善教学体系，积极参加轮滑赛事活动，培养出了很多优秀的比赛选手。

“溜溜派对”轮滑联盟发展理念：

赛事：推广轮滑赛事选手参加重庆市轮滑比赛、全国比赛，希望在轮滑协会的领导下参加到更多的比赛。

运动：以推广全民健身为基准，联合重庆多家轮滑知名品牌共同推广轮滑运动，创造属于“溜溜派对”轮滑联盟的品牌效应。

学校：全力开展轮滑进校园活动，为大中小学校带来更好的轮滑运动课程。

近年，“溜溜派对”轮滑联盟主要活动如下。

2014年首次参加了重庆市第五届全民健身运动会轮滑比赛。

2015年组队参加了“红魔杯”西南地区大奖赛、重庆市轮滑队员选拔赛。

2016年，在新一届重庆市轮滑协会领导的带领下，为了更好地完善系统教学体系和提高教学质量，多次组织参加重庆市轮滑协会和中国轮滑协会举办的教练员、裁判员培训班，并培养出了一大批优秀的轮滑运动员，同时组织学员参加轮滑等级考试。

在联盟中的首批“轮滑校园行”活动中，北碚区复兴俱乐部帮助学校组建成立了轮滑队，该队参加了2016年5月重庆市教育委员会等举办的学生轮滑比赛，以优异的成绩获得小学组团体第一名，7月份参加重庆市首届公路赛，10月份参加第六届全民健身轮滑运动会，获得多个奖项。

2017年，为了提升联盟学员的动作技术水平，联盟组织学员参加北戴河轮滑全国公开赛，同年5月在联盟学员代表各自学校参加的重庆市教育委员会主办的大中小学生轮滑比赛中，北碚区复兴小学以团体179分的成绩蝉联小学组冠军，北碚区水土小学获得小学组团体第四名，北碚区莲华中学获得中学组团体第二名。联盟学员在6月圆满完成重庆市首届极限轮滑开幕式表演。

为更好地推广轮滑运动，在地方政府及相关部门领导的高度重视与支持下，重庆市首个轮滑志愿服务队成立，这使得轮滑运动从学校走进社区。经北碚区社区教育学院批准，轮滑课程被设立为社区精品课程。同时，北碚区复兴镇将轮滑纳入地方特色文化运动项目，经区文化委、区体育科批准成立了首个由重庆市地方政府组建成立的轮滑队伍（北碚区复兴镇轮滑队），并且该队在重庆市第七届全民健身轮滑运动会比赛中获得10个单项冠军和团体冠军。

1.3.8　“新体线”轮滑联盟

重庆“新体线”轮滑俱乐部始创于2000年，是一家涉及自由式轮滑、速度轮滑和轮滑球，承接商业表演和“轮滑校园行”活动的专业合作单位。截至2017年，拥有会员10万余人，发展主城区直营店13家，区县加盟店10家，店面主要分布在江北区、渝北区、渝中区、沙坪坝区、南岸区和大渡口区，同时永川、南川、万盛、合川和垫江等区县都有“新体线”的出现。现拥有专职教练人员80名，是重庆市优秀轮滑俱乐部、沙坪坝区轮滑协会成员单位。

从事轮滑行业的17个年头里，“新体线”人不断努力学习与创新，组建了专业平花队伍、轮滑球队伍、专业速滑队伍，在轮滑的道路上无数“新体线”人留下了艰辛的泪水与汗水，坚信在轮滑的道路上，“新体线”会走得越来越好。

“新体线”的自由式轮滑队员曾在全国轮滑大赛中获得了骄人的成绩，轮滑球队在全国比赛中获得了季军，校园轮滑成功进入巴蜀小学、星光小学、沙坪坝小学等学校。

“新体线”的战略合作伙伴是瑞士米高，米高的品牌在全国有较大的影响，其自由式轮滑赛事影响力属全国典范。“新体线”承办的自由式轮滑赛事，米高的团队都会协助及参与进来，为重庆的自由式轮滑推广作出相应贡献。速滑方面，“新体线”和“滑启”轮滑鞋品牌共同推进速度轮滑，“滑启速滑100”赛事在2016年被成功引入重庆，同年黄锦龙速滑冠军训练营在全国开展，为推动速度轮滑作出了相应的贡献。“新体线”携手乐依，推动轮滑球运动，2016年引入轮滑球知名赛事“假日杯”轮滑球联赛，“假日杯”赛事团队将全力打造这一赛事平台，并不遗余力作贡献。

“新体线”轮滑球的培训宗旨：结合特定的轮滑课程，让每一位小朋友懂礼仪，团结友爱，健康快乐成长。力求教学规范化，严谨化。

“新体线”拥有专业的赛事经验：

2013年承办重庆首届全民健身运动会轮滑比赛；

2014年至2016年连续三年承办了时尚体育节活动；

2015年承办重庆市首届公路赛及第三届“舞渝轮比”大赛、全国圣粉节、“假日杯”轮滑球联赛；

2016年5月承办合川PAPAY儿童追逐赛和“滑启速滑100”等专业赛事。

“新体线”秉承创新、学习、应变的经营理念，培养了更多、更强的轮滑人才，为重庆轮滑事业添彩。

1.3.9　CG滑板联盟

2016年国际奥林匹克委员会宣布将滑板运动列为2020年东京奥运会的正式比赛项目后，滑板运动在我国也迎来了前所未有的发展机遇，它不再只是一项小众的、街头的运动项目，而是朝着年轻化、大众化、全民化、县域化的方向发展。相对于北京、上海、深圳等一线城市，重庆市的滑板运动还处于萌芽阶段，在场地、组织、人才等方面与一线城市存在差距，但这也说明该项运动在重庆有很大的提升空间。CG滑板联盟对滑板运动的热爱是推动俱乐部快速发展的动力。

CG滑板联盟的愿景是做最值得信赖的滑板培训品牌，具体分为以下四方面。

第一，确保高质量课程，保持进取与创新，保证一切安全，赢得学员信赖。

第二，坚持轮滑协会的引领，遵守轮滑运动的标准及规范，赢得行业信赖。

第三，保持发展动力，不断提升品牌形象，扩大经营成果，赢得员工信赖。

第四，推动滑板运动全民化、大众化，不忘责任，永葆初心，赢得社会信赖。

为深化滑板运动年轻化的发展需要，方便少儿滑板培训，CG滑板联盟在南岸区南坪游乐园内建了一个300m^{2}的专业滑板场地，这也是重庆首家室内亲子滑板极限运动基地。2017年年初，CG滑板联盟与重庆“耍娃儿”微信平台合作开展了儿童滑板体验课活动，同时与重庆迪卡侬运动超市合作举办的滑板体验教学活动也在稳步推进中。CG滑板联盟希望能够更多、更好地培养祖国滑板运动的人才，让重庆滑板运动跟着时代发展的潮流走上国际化舞台。为顺应滑板运动大众化的发展趋势，CG滑板联盟在培训之外也积极探索商业合作模式，目前正在参与各大商场、商圈的体育极限商业表演，希望通过商业化的活动促进滑板文化的推广。CG滑板联盟相信商业活动能够快速推动滑板运动的大众化及全面化，让滑板运动自由、创新的精神深入人心。目前，重庆滑板商业活动不多、专业性不强、影响力不大的现状在一定程度上限制了滑板运动的发展，为此CG滑板联盟与重庆市轮滑协会协同发力，通过滑板比赛、滑板考级等制度逐步完善滑板运动，使其更加规范化，逐步形成政府支持、协会主导、俱乐部参加、家庭和社会认可的滑板运动新局面。

1.3.10 NEW FORCES

NEW FORCES成立于2015年，现有八个品牌连锁店，拥有学员18 000余人，是重庆市轮滑协会的会员单位，也是西南地区首家将轮滑体育与舞蹈艺术进行大胆结合、推陈出新的专业培训公司。NEW FORCES一直致力于为3～17岁少儿提供优质教育服务，坚持“为中国家庭培养健康、快乐、有竞争力的宝贝”的教育理念，以“陪伴、引导、帮助、鼓励”的教育成长模式，把“健康运动与情操培养”深度融合，通过“游戏教学、舞台展示、比赛竞争、商业演出、宣传推广”等方式，弘扬少儿体育精神，提高少儿艺术修养，促进少儿身心健康，着力培养孩子的内在素养，促进个性化发展，陪伴孩子“滑出精彩人生”。

教育理念：为中国家庭培养健康、快乐、有竞争力的宝贝。

教育目标：培养健康、快乐、积极向上的活力宝贝。

在专业培训中，NEW FORCES始终把“安全、健康、快乐、向上”的运动服务理念放在首位，使用的轮滑器材均为国际顶尖轮滑品牌，保证孩子在学习过程中“安全无伤害”，以专业的师资为孩子们提供最快捷的成才之路。

NEW FORCES所拥有的国家级轮滑教练员、国家一级裁判员，以及其他轮滑教练及教师都通过了国际儿童感统教育协会（International Children’s Sensory Integration Education Association，ICS）培训，并获得多项资质认证，包括IRDA国际轮舞协会颁发的国际轮滑等级教练员证、世界自由式轮滑协会教育机构（WSSA Educational

Organization，WEO）颁发的WEO认证书、重庆市轮滑协会颁发的轮滑球教练员裁判员证书。NEW FORCES力求以“最专业、最系统、最适合”的轮滑教学课程，为每一位孩子打通轮滑学习与成长通道。

NEW FORCES旗下各机构学员经过专业训练，荣获了多项荣誉：个人方面，获得重庆市首届公路轮滑暨第三届“舞渝轮比”大赛冠军，重庆市轮滑项目运动竞赛亚军、季军，2016年THE ONE轮滑联盟邀请赛冠军；团队赛方面，荣获了2016年“圣粉让我们一起尖叫”轮滑城市赛二等奖，2016年THE ONE轮滑联盟邀请赛轮舞项目冠军。

自成立至2017年年底，NEW FORCES参加的轮舞比赛多达12场，覆盖20余个行业，参加的大型赛事表演有31场，参与的房地产活动高达40场。参与运动员累计2万余人次，现场观众人数超过30万，辐射人群超过100万。2016年，其参与的各地赛事及活动多次登上搜狐体育、网易体育、腾讯体育、北京体育、今日头条等网络媒体，产生了深远影响。NEW FORCES秉承高品位、高素质、高标准的教育定位，打造中国轮滑培训优秀品牌，促进行业健康发展，提高行业社会地位，鼓励运动员强身健体、增强自信、秀出舞台风采。以独特的教育理念，全方位的教学服务，为儿童成长提供高效完备的系统教育方案，为重庆轮滑产业发展增添动力。

第2章　家庭、学校、俱乐部协同推进

2.1 引　　言

在家庭、学校和俱乐部的协同配合下，轮滑得到迅速发展。目前，家庭非常重视孩子的兴趣选择和身体健康，学校加强体育校本特色化并注重学生个性化发展，俱乐部在社会市场培训和运转管理方面逐步提升质量。家庭提出需要，学校和俱乐部提供良好的环境，三者相互协同和配合，共同促进轮滑的发展。

轮滑运动的特点如下。

1．健身性

轮滑运动是一种中强度运动项目，经常参加轮滑运动，能够改善人体机能，增强四肢和躯干的肌肉力量，提高身体的协调性和平衡能力，提高关节的稳定性，也能够促进心肺功能的发展，对身体健康有着积极的作用。因为这项运动方便易操作，并且能够有效地促进小学生大脑发育，所以非常适合小学生。

2．娱乐性

轮滑运动在小学体育教学中要充分体现其娱乐性、趣味性的特点。由于轮滑把速度、力量、旋转、翻腾等技巧动作和舞蹈造型有机地结合在一起，趣味性很强，既可以丰富文化生活，又可以陶冶情操，因而深受广大儿童青少年的喜爱。

3．教育性

轮滑运动教学要与思想教育有机结合进行，可根据轮滑运动自身特点以及小学生身心发展规律设定一定程度的教学难度和障碍，让学生们在学习轮滑的过程中克服不同程度的学习障碍，从而养成不怕困难的优良品质以及乐于助人的传统美德，促进其心理的健康发展，提高其对社会的认识和应变能力。在心理健康发展方面，平地花式轮滑运动在使学生克服恐惧心理方面有良好的作用，可以缓解焦虑，增进学生间的交流，减少敌对情绪等。

4．社会性

轮滑运动可针对学生的年龄、性别、性格、气质等特征，设置适宜的教学目标和环境，引导学生们正确地接触社会、了解社会，为今后更好地适应社会做好准备。通过教学引导，使学生认识一些常见的社会事物，培养其正确观察社会、逐步适应社会的能力，增强其对社会的责任感和奉献意识。

2.2 家　庭

轮滑运动具有独特的体育内涵和运动健身价值，它能有效地改善和提高参与者的生理功能，培养创造性思维，促进人际交流，全面协调和综合发展人体各方面的素质。少年儿童通过轮滑练习可以提高身体的平衡性、协调性和灵活性，培养不怕苦、不怕累的精神，提高毅力、胆量、抗疲劳能力，降低对家长的依赖度，从而形成良好的意志品质。与其他体育项目相比，轮滑是一项极富魅力的运动：新鲜刺激、潇洒畅快，更具有趣味性、观赏性和竞争性，能为少年儿童提供更多参与和展示的机会，因此深受少年儿童和家长欢迎。

在轮滑协同发展中，家庭是学员的输送者和决策者。孩子选择轮滑项目的原因有以下几个方面：第一是孩子有兴趣，第二是家庭给予支持，第三是俱乐部的训练效果能达到家庭的期望值。在轮滑发展中，协会要做好宣传与服务，让更多家庭正确认识轮滑运动。3～5岁是孩子学习轮滑的最佳时机，很多父母觉得轮滑很危险，一直都不鼓励孩子学这项运动，认为即使要学也需等到10岁左右，因此在孩子对运动项目的选择上，家庭起着关键性作用。同时，在我国改革开放之前，受国家大环境的影响，社会大众或者家庭多数认为参加轮滑运动（旱冰）是“不良”少年的“不良”行为，特别是在当时青少年的娱乐方式和内容还不丰富的情况下，虽然青少年很喜欢轮滑（旱冰），但多数家长对此项运动持否定态度。进入20世纪80年代，随着我国经济、政治、文化生活的不断发展，国家将轮滑列入体育竞赛项目，其活动形式、活动内容、项目名称等得到规范，人们的观念才逐渐发生变化，以家长为代表的社会大众也逐渐认识到轮滑运动对孩子的成长是积极的、健康的、有益的。在态度上也逐渐由反对、禁止向赞成、鼓励方向转变。

时至今日，轮滑比赛已成为国际重大赛事，2017年世界全项目轮滑锦标赛于9月2日在南京开幕，本次比赛包含传统轮滑六项（速度轮滑、花样轮滑、自由式轮滑、单排轮滑球、双排轮滑球、极限轮滑），新兴轮滑三项（轮滑回转、轮滑阻拦、轮滑高山速降）以及新进奥运赛事项目的滑板，总共十个项目。本次比赛竞赛项目众多，是轮滑运动发展史上首次纳入全部轮滑项目的一场比赛，吸引了来自60多个国家及地区近4000名专业轮滑选手的参与。在开幕仪式中，南京市人民政府相关领导致辞并宣布比赛开幕。

2017年全项目轮滑锦标赛是轮滑发展史上首次将全部轮滑项目集于一身的高规格竞赛，特别是充分发挥传媒的作用和功能，从正面积极地引导、推广和普及轮滑运动，持续扩大宣传、扩大影响，树立轮滑运动的青春、时尚、阳光、健康、动感、环保的形象，让政府、社会和家庭认识轮滑这项运动，使轮滑项目在推广方面更有推动力和挖掘力。

案例一

【背景】

在轮滑发展中家庭是主要的输送者和消费者，因为“爱”选择了“轮滑”运动，期望孩子学有所获，愿意为此倾“金”注“血”，家庭支持是轮滑发展的主要动力。与家庭协同发展轮滑体现在以下几个方面：在行业品牌打造中，品牌商通过宣传让家庭和社会认识轮滑运动；协会在推动中，提供服务性赛事，服务社会与家庭，促进项目发展；轮滑俱乐部的学员直接来源是家庭，在培训技术中要达到家庭期望；学校在轮滑特色体育项目打造中，与家庭沟通，获取家庭的支持。在与家庭的协同发展中，以服务家庭为主旨，方可推动轮滑项目的大发展。重庆市人民政府办公厅关于印发重庆市家庭教育指导大纲的通知如图2.1所示。

重庆市人民政府

Chongqing Municipal People's Government

重庆市政府办公厅信息公开

重庆市政府网 » 信息公开 » 重庆市政府办公厅

索引号:	009275780/2017-00885	信息分类名称:	教育/其他公文/全社会		
发布机构:	市政府办公厅	生成日期:	2017-08-25	发布日期:	2017-08-25
名　称:	重庆市人民政府办公厅关于印发重庆市家庭教育指导大纲的通知				
文　号:	渝府办发〔2017〕129号	主题词:	教育		

渝府办发〔2017〕129号

重庆市人民政府办公厅关于

印发重庆市家庭教育指导大纲的通知

各区县（自治县）人民政府，市政府各部门，有关单位：

《重庆市家庭教育指导大纲》已经市政府同意，现印发给你们，请认真贯彻执行。

重庆市人民政府办公厅

2017年8月18日

（此件公开发布）

图2.1　重庆市人民政府办公厅关于印发重庆市家庭教育指导大纲的通知

【总结】

《重庆市家庭教育指导大纲》的指导原则中强调以儿童为本，科学引导，尊重和热爱儿童，根据儿童个性特点和兴趣，因材施教，开发潜能。目前，社会上针对儿童的兴趣设立的培训机构有很多，轮滑项目在儿童中的普及率很高，但出现的问题是俱乐部轮滑培训或者学校轮滑特色课程满足不了儿童轮滑的社会需要，导致接触轮滑的儿童基数大、技术水平提升少的局面。该大纲中指出，3～6岁年龄段是掌握和接受新事物的最佳时期。该年龄段的儿童重在发展基本动作，培养体育锻炼的兴趣。家长要以坚持锻炼与保护相结合为原则，培养儿童主动避让危险的安全意识和自我保护能力。支持儿童参加跑跳、钻爬、攀登、投掷等活动，发展动作的协调性、平衡性和灵活性，加强体育锻炼，确保每天至少2小时的户外活动，教会儿童正确使用器材和设施，通过跳绳、拍球等游戏，培养儿童的体育活动兴趣和运动能力。6～12岁年龄段儿童的家庭教育指导指出：6～12岁的儿童身高、体重平稳增长，大脑和神经系统发育均衡，从具体形象思维向抽象逻辑思维发展，情绪情感外显。这一阶段家庭教育的主要任务是增强体质，培养良好的生活、学习习惯，加强品德教育，开始青春期教育，普及法律常识。12～15岁是少年生长发育的第二个高峰期、心理发展的矛盾期、社会发展的过渡期，人生观、价值观和世界观在此年龄段形成。此阶段家庭教育的主要任务是解决少年青春期的困扰，引导少年正确处理人际关系，了解必要的道德规范与法律常识，培养守法意识和公民意识。15～18岁少年的身心和社会性发展趋于成熟，人生观、价值观和世界观初步形成，其核心是对人生价值的思考。认知结构逐渐完整，情绪情感以内隐、自制为主。这个阶段家庭教育的主要任务是帮助少年适应高中生活，正确应对学业压力；指导少年合理规划人生，养成责任担当意识和独立自主能力；引导少年与异性友好交往；发展初步理财能力；强化法治意识，增强法治观念。《重庆市家庭教育指导大纲》从不同年龄阶段、指导重点及实施建议和常见问题及解决策略等方面进行指导，提高重庆市家庭教育总体水平，促进未成年人全面健康成长，增进家庭幸福、社会和谐。

2.2.1　宣传方式多样，信息获取各异

随着时代发展，网络宣传、公众号订阅或其他媒体宣传等培训宣传方式越来越多样化，行业品牌商和轮滑俱乐部等培训机构通过宣传自己来吸引招收学员，从而产生利润实现盈利。培训机构通过了解宣传方式，并从家庭的角度，获取培训机构资讯的渠道，有的放矢地选择最佳的宣传渠道。他们通过增加家庭选择轮滑运动的信息获取

量，扩大招生，实现参与轮滑学员基数的最大化。

案例二

【背景】

在俱乐部宣传中，如何捕获家长的心？如何让家长愿意把孩子送到俱乐部？如何让家长持续支持孩子在轮滑这个项目上积极前行？如何让孩子一直爱着轮滑运动？这些都是需要重点考虑的内容。通过俱乐部的宣传，可以了解其培训宗旨。例如，一家轮滑俱乐部进行以“谢谢您养育了我”为主题的宣传，具体宣传内容如下：

谢谢您养育了我

你知道她会在夜里给你盖被子，你知道她会在每个孤独的寒夜做好一桌子菜等你回家。父母的世界很小，心里装满了你，你的世界很大，经常忽略他们……

岁月如梭，许久回一趟家的你突然发现父母已从青丝到白头，原来光滑平整的脸已被岁月磨出了褶皱。习惯了父母的好，羞涩的你却连一句“谢谢”都说不出口。因为你知道不管发生什么，他们永远向你敞开怀抱。不管你走多远，他们总会在最温暖的家里等你回来。可是，一辈子真的很短，来不及做的事情太多。话语表达不出的爱，让我们用行动——“为爱洗脚”表达，在本次活动中孩子们将亲手为自己的长辈洗脚，行动起来，让爱“来得及”（图2.2）。

图2.2　俱乐部孝心活动

【总结】

轮滑俱乐部不只提供轮滑技术的培训，还对学员的综合素质进行提升。家长把孩子送到俱乐部学习，孩子在锻炼体质的基础上可同步兼顾思想文明的教育。俱乐部力求让家长认识到培训的价值意义远超获得技术本身，认同俱乐部与家庭共同用“心”感化和教育孩子的方法，认可俱乐部的行为做法，认准这个俱乐部的思想理念，积极在轮滑项目上与俱乐部携手共同培养孩子。

2.2.2　平台活动丰富，参与选择取舍

目前，轮滑俱乐部、品牌商或协会组织活动的次数呈直线上升趋势，2016年之前轮滑活动场次少、规模小。全运会增加群众比赛项目后，轮滑在全民健身运动中脱颖而出，轮滑运动成为大街小巷人人所知的体育项目，很多儿童都有一双轮滑鞋，随着从“小众”到“大众”的转变，各类轮滑活动也相应地增多。家庭在选择活动时，协会、俱乐部应给予积极正向的引导，避免家长盲目参加各类活动。

案例三

【背景】

什么类别的活动可以参加，参与什么活动更有意义，是很多家长在送孩子到俱乐部后常常遇到的问题。俱乐部负责人在思考，组织什么类型的活动能吸引更多的会员；协会负责人在思考，组织什么类别的活动才能推动轮滑项目的发展；品牌商也在思考，如何让社会或者家庭选择和消费自己的品牌。因此，轮滑各类活动层出不穷。以全国中学生轮滑锦标赛暨全国小学生轮滑训练营为例，此活动是“轮滑进校园”项目进一步发展的成果表现，通过举办国家级大型赛事，将全国各地的项目成果集中汇聚，让全国中小学生进一步感受到全国各地参与轮滑的热情与轮滑的活动的影响力，增强中小学生对轮滑运动的兴趣，从而达到进一步普及轮滑运动的效果。青少年体魄强健、意志坚强、充满活力，是一个民族生命力旺盛的体现。加强青少年体育教育、完善青少年体育公共服务体系、强化竞技体育后备人才培养，对于落实全民健身战略、实施奥运战略、建设体育强国，培养中国特色社会主义事业合格的建设者和接班人，全面建成小康社会具有重要意义。因此，国家体育总局办公厅、教育部办公厅联合印发《2017年全国青少年体育活动计划》。轮滑运动拥有广大群众基础，为青少年带来丰富的体验，有利于促进身心健康，被正式列入2017年全国青少年体育活动项目。

【总结】

在国家政策的引导下，全国各地学校纷纷组队参加相关活动，各地教育职能部门

给予地方学校参赛费用支持。对于没有经费支持的地区，一些俱乐部与家长沟通，由学生自费参加，获得荣誉之后汇报学校，引起学校对轮滑项目的重视。协会给予的支持进一步提升了这类活动的参与价值：在中国轮滑协会和中国中学生体育协会“体”“教”协同的背景下，家庭和俱乐部共同参加，协会给予宣传报道，达到共同促进轮滑项目发展的目的（图2.3）。

中国轮滑协会
中国中学生体育协会

社体协会字〔2017〕479号

中国轮滑协会　中国中学生体育协会
关于举办全国中学生轮滑锦标赛暨
全国小学生轮滑训练营的通知

各省、自治区、直辖市、计划单列市体育局社体中心（群体处、体总秘书处），教育厅体卫艺处，轮滑协会，学生体协：

为积极贯彻《国务院办公厅关于强化学校体育促进学生身心健康全面发展的意见》精神，推动轮滑运动在中小学的普及，决定于10月27—29日在江苏省徐州市举办2017年全国中学生轮滑锦标赛暨全国小学生轮滑训练营。

现将竞赛规程印发给你们，请按照规程的相关规定组织参赛。

中国轮滑协会　中国中学生体协

2017年9月28日

图2.3　中国轮滑协会和中国中学生体育协会相关文件

2.2.3　服务消费者，提升消费量

“80后”“90后”父母群体成为新一代家长，作为儿童消费的真正决策者，其消费习惯让儿童需求趋于多元化、个性化，他们更注重培养子女的创新力，由此加速了寓教于乐的儿童教育及游乐品牌在购物中心的扩张。《维达亲子关系报告》显示，有55.7%的父母每天陪伴孩子的时间在3小时以上，其中“80后”父母每天陪伴孩子在3小时以上的比例占到了56.8%，高于“1980年以前”年龄段父母的50.6%。“80后”“90后”新生代父母更加注重孩子德、智、体、美、劳的全面发展，也更愿意对孩子投入更多的精力和财力。总结“80后”“90后”这一代家长对待孩子的态度就是：舍得付出时间和金钱全方面地培养子女多元化发展。

儿童业态由单一的儿童零售转向现在百花齐放的势头，但也面临同质化竞争日益激烈的困境。不同购物中心的儿童设施和游乐活动往往高度相似，从而使家长和孩子缺乏新鲜感。“亲子经济”正向多业态领域扩展，类型趋于多元化，同时在儿童体验消费影响下，儿童零售占比在一定程度上被削减。儿童文教、儿童服务和儿童游乐等新形态频出，同时儿童业态呈现“大融合”趋势，“餐厅+游乐”（如亲子餐厅等）、“运动+早教”（如小小运动馆等）、“运动+教育”（蹦床、篮球培训、足球培训、轮滑、击剑、壁球等）都是现在比较热门的儿童细分业态。这种多功能组合创新的业态更能迎合个性化消费，易形成品牌差异化，关注度高。轮滑培训机构在消费升级和网络购物浪潮下，将不断提升服务，持续稳固儿童体育业态。

2.3　学　　校

轮滑运动是当前发展速度最快的时尚健身运动项目之一。它不受场地限制，简单易学，深受大众的喜爱，轮滑运动的普及性逐步超过篮球、排球、足球、乒乓球，已经成为全球性体育运动，目前的奥运会已出现轮滑项目赛事。在校园开展轮滑项目，符合教育部“一校一品”或“一校多品”发展战略。在学校文化建设中，将轮滑项目作为特色，对于学校体育运动的发展具有重要意义。

1. 何谓“云兴模式”

校园轮滑运动发展中以江苏省徐州市云兴小学发展具有代表性，徐州教育局徐友成先生谈及校园轮滑时就提到了“云兴模式”。

云兴小学不仅拥有江苏省实力非常强的速滑团队，而且每个班级都拥有自己

的轮滑队伍，每周都有轮滑的交流赛。在“师资为上”的模式下，轮滑运动在云兴小学中的开展在全国范围内是名列前茅的，“云兴模式”就是“师资为上”模式。

（1）重视和了解目前我国青少年的需要

体育是一个学校精气神的集中体现，体育要从儿童抓起。

（2）抓住幼儿和青少年的特点

幼儿和青少年具有活泼爱动、敢于挑战、积极向上的天性。发展轮滑首先要从幼儿教育抓起。

1）了解儿童和家长需求，促进轮滑运动普及。

2）利用趣味教学模式，激发儿童积极参与学习轮滑运动的兴趣。

3）多元化教学，增加儿童与家长互动形式，启发共同参与的乐趣。

4）通过组织竞赛，检验学习轮滑的实效。

5）建立梯队轮滑队伍，将普及和提高相结合。

（3）充分运用教育学和心理学手段

1）对于3～4岁的孩子，除了玩，很难让他们专注地学习某一项运动，轮滑却是个例外。轮滑运动就像玩耍，对孩子有天然的吸引力，并给孩子更多参与展示的机会。而且，孩子们能从不断的摔倒爬起中变得勇敢。

2）3岁时，幼儿身体的基本动作已经比较自如，由于骨骼肌肉系统的发展，大脑控制能力的增强，这个时期是学习动作技能的最佳时期，这个时期儿童身体柔软，容易学习许多动作，加之他们喜欢模仿，喜欢重复同一动作，不怕失败，因而只要能积极地加以指导和训练，就可以让他们获得许多动作技能。

3）5岁以上的孩子胆子反而小，而3岁以下的孩子，由于理解能力、肢体运动能力有限，不易掌握动作要领，所以3～5岁是儿童学习轮滑的最佳时期。

“跌倒”是每个轮滑初学者的必经过程，跌倒对学习轮滑的孩子来说也是一种“练习”，因为玩轮滑的孩子不会把跌倒当成一种失败，反而会急着爬起来继续玩，在“跌倒”与“爬起来”之间，孩子会逐渐产生对“挫折”的抗压性。这是轮滑给予孩子最好的生命教育。

（4）“云兴模式”的关键

有一支较强的教师和教练员队伍，是“师资为上”的模式。云兴小学从开展轮滑至今，已经是全国群众体育先进单位和江苏省体育传统项目学校。

2．何谓“轮滑进校园”

全国中学生轮滑锦标赛暨全国小学生轮滑训练营是由教育部门和体育部门首次联

合举办的全国中小学生轮滑赛事，全国中学生轮滑锦标赛暨全国小学生轮滑训练营是中国轮滑协会“轮滑进校园”项目的成功之举，是中国轮滑协会深入贯彻落实国家体育总局印发的《青少年体育“十三五”规划》中“积极开展青少年阳光体育活动”的成果展现，此次赛事旨在推动轮滑运动在中小学的普及，促进其在青少年学生中扎根成长，夯实轮滑运动发展的基础。为进一步响应全国阳光体育“轮滑神州”校园行活动，切实提高江苏省青少年的健康水平，在江苏省社会体育管理中心和江苏省轮滑协会的积极推动下，江苏省已有部分学校将轮滑作为体育课的选修项目或必修项目，并推出校本教材。

3. 何谓特色名校

每个学校要想在社会上有声誉和名气，就要有自己的特色，单纯从项目说，乒乓球、足球、篮球、美术、舞蹈、轮滑等项目，需要特色名校用心打造。要注重以下几点。

1）要有事业心，为该项目全力推广。

2）拥有业务娴熟的师资队伍（含业余教练）。

3）还要有一切为了孩子的爱心。

“云兴模式”是“师资为上”的模式，是国内校园轮滑发展模式之一。重庆校园轮滑发展模式是“协会引领、行业及俱乐部助力、学校配合、家庭支持”协同发展模式。其中，对于行业及俱乐部助力模块，国际轮滑教育协会（International Inline Skating Education Association，IISEA）（中国）沈德新先生深有体会。行业品牌在推动校园轮滑发展中开创了新模式，轮滑在校园的进一步发展需要更多的轮滑品牌、轮滑教育培训机构等相关组织积极参与进来，在各自服务于轮滑教育的区域中，继续推进“轮滑进校园”活动。轮滑教育和轮滑运动是有区别的。轮滑运动是诸多体育项目之一，而轮滑教育是体育教育的一部分，是通过轮滑课程以及相关辅助性手段进行有目的、有计划、有组织的教育过程。轮滑教育是按照轮滑科目进行教育和教学的统称，以课堂教学和专门性辅导为主要形式，以轮滑技能教育和素质教育为主要目标。轮滑教育是一项普遍性教育，与轮滑运动的专业技能的训练、提升、竞赛以及以选拔和培养轮滑运动员的目标是有区别的。同时，轮滑教育又和社会轮滑培训活动有所区别，轮滑教育需要完整的课程以及与之对应的教学方法、教学质量的评价与检测系统等。中国轮滑协会提供技术力量，协助学校规划建设轮滑活动场所，编写校本教材。“轮滑进校园”的目标并不只是“进”，而是通过轮滑教育的实施，促进校园体育教育和素质教育新模式的发展，建设一个严格认真、积极向上、与时俱进的团队，推进校园轮滑教育进程。行业、俱乐部和品牌团队需要积极提升自己的能力，按体育教师的职业标准提升综合能力，协同学校开展有效的轮滑运动。

2.3.1　校园轮滑的分类

校园轮滑主要分为以下三类。

1．速度轮滑

速度轮滑包括场地赛、公路赛、马拉松赛等竞速的轮滑项目。校园速度轮滑教育主要是速滑技术教学与提升，鼓励学生参加各类比赛和活动。

2．自由式轮滑

自由式轮滑包括自由式绕桩和轮舞，学生通过自由式轮滑展示轮滑技术难度和艺术。自由式轮滑在校园运动会开幕式等活动中展演最多。

3．轮滑球

参赛队员脚穿轮滑鞋，手执球棍进行比赛，比赛双方各上场四名队员和一名守门员。轮滑球项目开展的作用首先是培养学生的团结意识，其次是代表学校参加竞赛和进行活动交流。

2.3.2　校园轮滑的意义

1．强健体魄

1）提高心肺功能。轮滑运动是一项有氧运动，它可以让孩子多运动，提高肺活量，加强心脏的收缩力。

2）提高灵敏度。轮滑中的许多动作，如鱼行、前蛇等一些过桩动作会使孩子更加全神贯注，以此来提高孩子的灵敏度。

3）提高平衡能力和协调能力。轮滑运动中一些简单的手脚配合动作可以大大提高孩子的身体平衡能力和协调能力。

4）提高身体免疫力。一般来说，幼儿的身体免疫力比成年人低，但是通过运动可以提高，因为深呼吸可以促进淋巴循环，进而提升免疫能力。轮滑运动作为有氧运动可以让孩子提高自身的免疫力。

2．愉悦身心和适应社会

1）增强勇气。轮滑作为一种趣味性的运动必然引起孩子的好奇心，当孩子的好奇心战胜恐惧心理时，就在某种程度上增强了孩子的勇气。

2）提高社交能力。在轮滑运动中，一些趣味性的游戏可以使孩子们增加更多的玩伴。

3）提高自信心。一些简单的比赛可以提高孩子的自信心，有助于孩子在成长中形成良好的性格。

4）培养吃苦耐劳的精神。哪怕在炎炎烈日下，孩子们也在为自己的兴趣而努力，由此可见轮滑运动可以培养孩子吃苦耐劳的精神。

5）培养孩子的竞争意识。要培养孩子的竞争意识就必须让孩子自己意识到人外有人。如今随着轮滑运动的渐渐流行，全国范围内的轮滑比赛也在渐渐增多，比赛可以提高孩子的竞争意识，防止其懒惰思想的滋生。

6）提升表现欲。要提高孩子的表现欲就要多给孩子表现的机会，并且鼓励孩子大胆地表现和展示自己，当孩子能成功地走出这一步时，及时地奖励会让他们有成就感。轮滑提供给孩子更多参与及展示的机会，大大提高了孩子的表现欲。

2.3.3　校园轮滑开展现状

在“轮滑校园”神州行活动的推动下，校园轮滑逐渐受到重视。以西安市为例，《2015年陕西西安中考16个项目招收体育和艺术特长生》指出，西安市在中考中招收16个项目的体育和艺术特长生，招生项目包括田径、篮球、排球、足球、乒乓球、击剑、围棋、轮滑、举重、游泳、射箭。报考特长生的考生，须在初中阶段学业水平良好，综合素质评价合格，体育、艺术方面具有突出才能和表现。报考体育特长生的考生须在初中阶段参加国家、省、市、区（县）教育行政部门、体育行政部门或省学生体育协会组织的学生体育竞赛，集体项目或单项比赛获国家前十六名、省前八名、市前六名、区（县）前三名。报考艺术特长生的考生须在初中阶段参加各级教育行政部门和国家、省艺术教育委员会主办的学生艺术类竞赛，集体项目或单项比赛获国家级三等奖以上、省级二等奖以上、市级一等奖以上。对于体育、艺术专项测试合格，参加初中毕业生统一学业文化考试成绩达到市普通高中最低录取控制分数线60%的考生，由招生学校按照择优录取的原则进行录取。特长生招生考试推动了轮滑项目迅速普及和发展。

其他地区以轮滑竞赛和体育课程推进为主，如郑州市，每年市体育局、教育局都会举办中小学轮滑赛，据不完全统计，郑州市内有超过30所小学开设了轮滑特色兴趣课。其他城市如上海、北京、合肥都有诸多学校增开了轮滑特色兴趣课或体育课程，极大地丰富了学生课后活动内容，增强了学生体质。重庆市校园轮滑在重庆市教育委员会和重庆市体育局的指导下，通过轮滑示范学校、竞赛活动、培训交流、特色课程和优秀社团等形式开展，呈现百花齐放、百家争鸣的局面。例如，重庆第二师范学院以轮滑示范学校、竞赛活动和交流等形式促使高校与重庆教育委员会、重庆市体育局、重庆市轮滑协会和重庆市大学生轮滑协会协同推进校园轮滑的发展。重庆科技学院轮滑社团在重庆高校起到示范作用，重庆市上浩小学主要以轮滑特色课程形式开展，云阳黄石小学以“人人一双轮滑鞋”形式整体推进。2017年，在由重庆市教育委员会主办，重庆市学生体育协会、重庆市轮滑协会和重庆市大学生轮滑协会协办的重庆市大中小学生轮滑比赛中，有107个学校800多名学生参赛。同时，在重庆市教育委员会和重庆市体育局的指导下，重庆市轮滑示范学校和中国轮滑运动示范学校开展了一系列活动，有效地促进了校园轮滑开展。现在重庆市校园轮滑发展主要是以大学、小学以及幼儿园为主，中学所占比例较少（图2.4）。

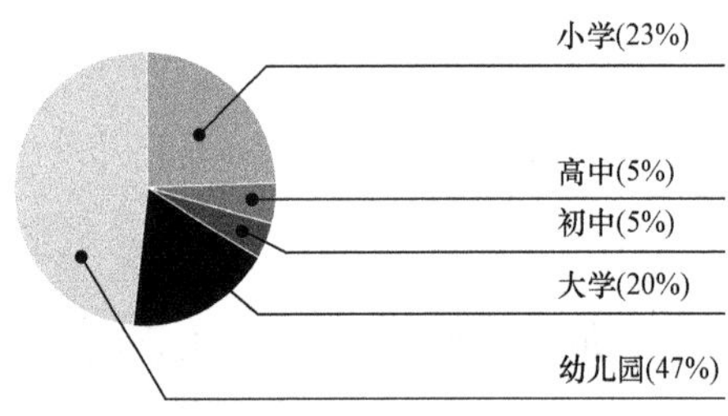

图2.4　重庆轮滑协会2017年统计分析报告

2012～2017年，重庆校园轮滑在这五年的推广发展中存在的困境如下。

1. 缺乏轮滑专业的教练资源和课程

重庆市学校开展的轮滑课程中，教师或教练员极少，轮滑项目在轮滑教学和课程实施中缺乏科学性和合理性。

2. 缺乏适合轮滑课程开展的场地

场地是制约轮滑运动在学校发展的重要因素。休闲轮滑或基础轮滑课程可以在学校开展，受场地影响大的轮滑球、速度轮滑，在校园缺乏合适的场地开展。

3. 缺少打造轮滑特色学校的着力点

在体育文化或者在学校特色打造过程中，轮滑项目只是个别学校的关注点，大多数学校缺少轮滑项目发展的着力点。

4. 轮滑课程展示的机会极少

各市、区教育、体育主管部门教学研究机构对轮滑课程缺乏相对应的展示机会，以南岸区为例，2013～2016年重庆市南岸区没有举行过以轮滑项目为主的课程展示。

5. 经费支持力度较小

在重庆市各种体育项目竞赛支持上面，轮滑训练费用、参赛费用等相对较少，缺乏以学校为组建单位的比赛交流、活动交流等。

2.3.4　校园轮滑路径探索

1. 成立领导小组，细化分工合作

由重庆市轮滑协会和重庆市大学生轮滑协会牵头组成的重庆校园轮滑工作委员会，负责校园轮滑活动整体方案的制订和实施。重庆市教育委员会和重庆市体育局下发的正式文件指出，由学校校长和重庆校园轮滑工作委员会负责人任双责任组长，学校教导处、体育组和重庆市轮滑协会以及重庆市轮滑训练培训基地的教练分管后勤和教学工作，各班主任负责具体组织工作，把轮滑进校园工作作为一项重要的任务来抓。形成学校特色，明确分管领导，细化职责分工，为轮滑运动发展创造良好的环境，有计划、有步骤地落实好各项工作，共同推动轮滑运动的发展。

2. 制订工作计划，开展轮滑运动

为了推进轮滑运动的发展，进一步开创轮滑进校园的新局面，使小学生有一个丰富多彩的校园生活，培养广大小学生对轮滑运动的兴趣爱好，学校与重庆市轮滑协会及重庆市轮滑训练培训基地建立合作关系，学校可派教师前往现代化轮滑场里进行训练和学习，由重庆市轮滑协会和重庆市轮滑训练培训基地指派专业教练到校实地开展专业的技术指导与培训，帮助制订相应的教学计划。

3. 完善场地器材，开设特色课程

轮滑运动是一项专业性很强的体育运动，启蒙教育尤其关键。学校一部分教师通过接受系统专业的轮滑教学方法及理论知识培训，并在轮滑训练中心进行一段时间的轮滑运动技能的学习后对青少年进行轮滑教学，有能力结合不同年龄段学生生理、心理特点进行相应的轮滑培训。为了开展好轮滑进校园活动，重庆市轮滑协会和重庆市轮滑训练培训基地可根据情况向学校捐赠轮滑器械，满足教师和学生参与轮滑运动的需求。

4. 实施分层教学，提高训练实效

开展一系列活动以营造良好的校园氛围，激发学生的学习兴趣，做到“体育课中学、活动课中练、课后时间玩”。指派教练配合体育教师负责轮滑课的教学工作，制订符合各年级段的教学计划。班主任老师负责轮滑课中的安全管理工作，课前检查学生轮滑装备是否完好无损；课中管理学生课堂纪律，确保学生在老师指导下安全有序地进行学习；课后帮助学生收好轮滑器材。扩大和普及开展轮滑课程，是学校为学生提供的一个额外的教育空间，而设置轮滑课程对学生身体的发育和协调性的锻炼都有很大的帮助。课程教学要让学生在游戏中、在欢乐中达到轮滑练习所需要的强度与密度。对于初学轮滑的学生们，主要是加强基本功练习并提高他们的安全与自我保护意识。这样，能让学生们找到适合自己的轮滑进度，体验到学习轮滑的成就感。

5．积极宣传引导，注重普及推广

除了轮滑运动的教学之外，学校还要开展一系列丰富多彩的轮滑活动。要求做到“班班有队伍，班中有明星”，各班成立一支轮滑队伍，人数不限，每班各选一名小明星，在学校的大课间活动和体艺“2+1”活动中进行展示。以点带面，不断扩大轮滑运动普及面，提高轮滑运动在学生中的普及率、参与率，并带动其他学生参与到轮滑运动当中，使轮滑运动真正成为学生在课余生活当中运动、娱乐的一项重要内容。

2.3.5　校园轮滑运动教学原则

校园轮滑运动的教学原则是在对学生在学校参与轮滑运动学习和提高技术规律的正确认识的基础上进行提升和归纳，也是指导校园教学工作的基本要求，对正确合理地掌握轮滑技术具有普遍性的指导意义。校园轮滑教学原则有以下几点：目的明确性原则、直观性原则、循序渐进原则、结合实际原则、巩固提高性原则。

1．目的明确性原则

引导学生了解轮滑运动的学习目的和锻炼意义，使他们认识到轮滑运动对增强体质、适应社会需要有重要意义，以促进学生学习的自觉性和积极性。根据教学内容和训练任务，结合学生的实际情况，对学生提出要求。如针对不同的教学对象，安排不同的教学目的、任务以及内容。教师应根据学生的自身情况有目标地安排教学，学生根据教师的安排和自身技术情况有针对性地学习。

2．直观性原则

轮滑教学中直观性原则体现在教师的示范、教具的演示以及各种形式影像的放映上。动作过程的信息通过光波传递到学生的视觉器官，视觉器官感知这些信息后，将其传递给大脑，大脑通过加工处理形成动作表象，然后学生通过触觉和肌肉的本体感觉来感知动作的要领、动作方位、肌肉用力的程度和方法，从而建立完整正确的动作形象和概念。因此，正确运用直观性原则，对提高教学质量至关重要。

3．循序渐进原则

轮滑运动中，教师根据学生认知活动的特点和动作技能形成的规律，安排教学的内容、方法、步骤和运动负荷，要有条不紊，由易到难，由浅入深，由简到繁，逐步深化提高，循序渐进，使学生系统地掌握基础知识、技术、技能和科学的锻炼方法。

4．结合实际原则

轮滑教学中教学任务、内容、手段、方法和运动负荷等都应该符合学生自身特点和具体情况。人的身体状况千差万别，不同的人或同一个人在不同的机能状况下对运动的爱好、对运动量的负荷能力也不尽相同。具体地说，学生要根据自身的年龄、性别、健康状况、生理机能、接受能力、心理因素、疾病状况和掌握运动知识及技术水平的差异量力而行。从实际出发，教师需合理安排教学内容和方法、练习的组数和次数等，如运动负荷的安排要在参加者身体承受范围内，使其劳逸结合，以便更好地掌握运动技术，有效地增强体质。

5．巩固提高性原则

教学过程中要引导学生在理解的基础上牢固地掌握知识和技能，要督促学生重复练习轮滑动作，直至学生能根据需要迅速再现出来，这项原则有利于知识技能的运用。另外，巩固所学的知识和技术，还为提高轮滑技术和进一步学习新的技术创造了条件。

上述各教学原则是相互联系、相互补充的，并反映了教学过程各个方面的规律。在教学运用中，各原则的划分是相对的。在不同年龄阶段，教学原则均存在差异性，所以需要因材施教。例如，幼儿园轮滑教学和小学轮滑教学以及高校轮滑教学均存在差异，需根据教学对象、教学目标和内容选择不同的教学手段和方式因材施教，从而有效普及和推广校园轮滑运动。

2.3.6　重庆幼儿园轮滑运动分析

受中学升学等因素制约，校园轮滑主要集中在幼儿园、小学和大学开展，其中小学以校本课程和兴趣班的形式开展，大学以公共体育课程、专业课程和轮滑社形式开展。下面就重庆幼儿园现状，对幼儿园开设轮滑运动的可行性进行分析，探索制订轮滑运动课程方案，旨在为在重庆市幼儿园体育活动中推动轮滑运动发挥重要作用。

社会飞速发展，科技时代、信息时代对人的要求也发生了变化，它不仅要求人有良好的智力素质，更需要人有健康协调的身体和心理素质。儿童是民族的希望、祖国的未来，他们身心获得良好的发展对我国未来社会的发展至关重要。由于我国人民生活水平不断提高，饮食结构日益改善，现在的学龄前孩子过早表现出肥胖症和运动缺失症的倾向，其体质状况令人担忧。通过体育活动来增强幼儿的体质，陶冶他们的情操，培养其良好的心理品质，使其身心和谐发展，显得尤为重要。在教育部颁布的《幼儿园教育指导纲要（试行）》“健康”一项中指出：“幼儿园要开展丰富多彩的户外游戏和体育活动，培养幼儿参加体育活动的兴趣和习惯，增强体质，提高对环境的适应能力。在体育活动中，培养幼儿坚强、勇敢、不怕困难的意志品质和主动、乐观、合作的态度。”开展户外体育活动的最终目的不仅仅是增强幼儿的体质，更在于通过体育锻炼，培养幼儿各方面的能力，促进其身心健康发展。由此可见，体育活动在幼儿园教育中的重要作用。轮滑运动是一项集娱乐、健身、健心于一体，有一定挑战性的运动项目，只要有轮滑鞋和平整的水泥地面或柏油路面就可以开展轮滑教学。轮滑运动因其独特的特点，如运动方便，普及性好，能增强孩子的臂、腿、腰、腹肌肉的力量和各关节的灵活性，尤其对幼儿的身体平衡、支撑能力以及大、小脑发育等都有很大的帮助，被专家认定为有效开发婴幼儿运动智能的运动项目之一。轮滑作为我国中小学生和幼儿体育活动的内容，不仅体现了现代教育理念，而且符合我国体育课改革的发展趋势，对于提高主动参与体育运动的意识、自觉提高身体素质发展水平具有重要的意义。

1. 重庆市幼儿园开设幼儿轮滑运动的可行性分析

（1）幼儿进行轮滑练习的年龄分布

通过大量调查，有专家认为儿童学习轮滑的最佳年龄应该在3～6周岁，这是由这个年龄阶段的儿童的生理和心理条件决定的。在生理条件方面，3～6周岁的儿童大脑的发育逐渐成熟，神经系统的控制能力增强，对新事物的接受和模仿速度加快，他们的骨骼肌肉系统也在迅速地发育。同时在心理条件方面，3～6周岁的儿童有强烈的模仿欲望，有强烈的好胜心和进取心，自然容易对轮滑运动产生极大的兴趣，从而喜欢这项运动。

（2）幼儿的兴趣爱好

幼儿正处于生长发育的黄金时期，不但机体的新陈代谢十分旺盛，而且各种各样的兴趣爱好也不断吸引着他们。兴趣能促使儿童进行更好的学习，是激发他们不断探索外部世界奥秘的主要动力，所以了解少年儿童的兴趣爱好，是提高教育质量的重要前提。对重庆市20所幼儿园400名幼儿学生进行调查，结果发现18.25%的幼儿学生喜欢轮滑运动，并有12.3%的幼儿学生自愿参加校外的幼儿轮滑培训班（表2.1）。

表2.1　幼儿不同体育运动兴趣爱好比例

运动项目	人数	百分比/%
轮滑	73	18.25
体操	79	19.75
武术	63	15.75
游泳	57	14.25
球类	73	18.25
其他	55	13.75

（3）幼儿家长对开设轮滑运动课程的观点

就对重庆市幼儿园开设幼儿轮滑运动课程赞同程度，向重庆10所幼儿园200位家长进行随机调查，结果显示有27.6%的家长非常赞同，24.7%的家长比较赞同，27.6%的家长不太赞同，20.1%的家长不赞同。家长不赞同的主要原因是担心幼儿轮滑运动中的安全问题，可见，在幼儿园开设轮滑运动，安全问题是需要首先考虑和解决的问题。不过，大多数家长期待幼儿园开设轮滑运动，以此来满足幼儿的兴趣爱好。因此，教学中把保证安全作为工作重心，正式进入教学阶段之前，教师要逐一检查孩子们的头盔、护膝等防护装备，并重点检查鞋带是否系好，同时要带领孩子们一起对轮滑鞋进行检查，进而慢慢培养孩子们自我保护的意识，养成良好的安全意识与习惯。

（4）幼儿园开设轮滑运动应解决的问题

1）场地需要。轮滑学习、练习在水泥地面上即可进行，不需要修建单独场地。现在幼儿园中有许多球类运动场地都是水泥场地，这种环境与地面光滑程度适合于轮滑运动的开展，此外校园中的大量平整的水泥地面和地砖地面也可以作为幼儿轮滑的基础教学和练习场地。同时教师在教学前要对运动场地进行检查，排除一切碎石块、沙子、小钉子等异物，使场地满足开展幼儿轮滑运动的条件。

2）安全保障。幼儿园需要和家长沟通，使其同意为幼儿配备由正规厂家生产的轮滑鞋及护具。中班幼儿在教学前，教师要逐一为幼儿检查轮滑鞋和护具是否全部正确穿戴，保证无松动脱落。大班的幼儿可以采取互相检查、教师个别抽查的方法进行。同时，要让孩子们知道在轮滑运动中存在着一定的危险，在做各种动作时一定要胆大、心细、循序渐进。此外，轮滑班的幼儿人数不宜过多，一般在15人左右，每周学习两次较为适宜，以此确保幼儿轮滑课程的安全进行。

3）教师培养。对重庆市广场或社区幼儿轮滑培训进行调查发现，很多培训机构都没有专业的教练进行教学，这使幼儿的轮滑学习效果大打折扣，而且参加轮滑运动培训的安全问题也不能得到保证。因此，幼儿园应聘用专业教练或者外送体育教师进行轮滑培训，为轮滑运动在幼儿园有序发展提供保障。

4）决策管理。园长是一所幼儿园的决策者与最高层的管理者，幼儿园的一切活动的开展，都离不开园长的决策和管理，通过对幼儿园园长的问卷调查，结果显示有18.7%的园长了解轮滑运动，并且在其幼儿园开设了轮滑运动课程。

2．重庆市幼儿园开设幼儿轮滑运动策略探索

在幼儿园开设轮滑运动条件成熟的情况下，计划将轮滑运动作为幼儿园课程前，需要对课程设置形式、教学方式运用、教学内容选择和教学程序安排等方面进行探索，确保幼儿园有序开设轮滑运动。

（1）课程设置

重庆市幼儿园开设轮滑运动课程的形式主要是以兴趣班为主，轮滑运动课程成为很多幼儿园的教学特色，并出现了“轮滑每周进课堂，大、中班全面开展”的局面，甚至一些幼儿园将轮滑学习编入幼儿园的课程。

（2）教学方式

1）形象化教学，增强学习兴趣。形象化的语言可以帮助幼儿学习轮滑的基本动作。心理学研究表明，幼儿的思维是直观的、具体形象的，对于轮滑的基本动作要领，他们很难理解与产生兴趣。教师可以通过形象化的语言帮助幼儿掌握动作要领，如在让幼儿学习5个基本动作时，可用浅显的语言告诉幼儿：站立就像跳芭蕾，抬头挺胸，脚尖微分开，左脚跟顶住右脚内侧成T字形；踏步好像鸭子走，一摇一摆真可爱；滑行就像小企鹅，哧溜哧溜真好玩儿等。幼儿在这样形象化的比喻下很快就能掌握这些基本的动作，学习的兴趣也会提高。

2）情境性教学，巩固技术要领。通过创设情境环境，帮助幼儿巩固学习轮滑的基本动作。在幼儿基本掌握了轮滑的基础动作后，再让他们进行简单枯燥的训练，这样反复地练习某一个动作会使他们失去耐心从而产生厌烦的心理。教师可以创设一个情境环境，帮助幼儿练习。例如，在训练场布置“去郊游”的活动场景：设置高耸的红绿灯，在小路上撒上一些沙包做小石头，用蓝色的皱纸制作小河等。教师带领幼儿去郊游（大家一起练习滑行）。“哎呀，前面有许多的小石头阻碍了我们的路，我们应该怎样过去才能避开这些呢？”（幼儿一起练习了踏步）“咦，前面出现了一个红灯，马上要停下来。”（幼儿一起练习了站立）“绿灯了，我们快快出发吧！”（再次练习滑行）“前面出现一条小河阻挡了我们的路，快快刹车！”（练习了停止）看似一个简单的游戏活动却包含了许多的练习动作，使幼儿在潜移默化中巩固了轮滑学习的基本动作。

3）展演性教学，锻炼认同意识。通过集体性的表演，帮助幼儿展现轮滑学习的成果。幼儿在学习了一段时间后，可以将学到的动作进行整合、编排，配合动感十足的音乐及队形的变换，从中感受到轮滑学习的快乐。例如，在幼儿园运动会上，轮滑小队员在开场时手拿各色彩旗进行表演，既调动了全场的气氛，又让轮滑队员产生了无比的自豪感，增强了孩子们的集体荣誉感。另外，通过竞赛，帮助幼儿展现自我，培养竞争意识。

（3）教学内容

幼儿园开设轮滑课顺应了当代的体育教育理念和改革的方向，能充分发挥学生的积极自主性、能动性，使学生快乐地参加体育课程学习，加强了学生终身参加体育锻炼的理念。教学内容要选择轮滑动作中相对简单、危险性低的技术动作，这些内容对身体条件要求不高，适应面广，各种身体素质条件的学生都可以学习。教学内容主要包括身体重心移动技巧、直道滑行技巧、转弯滑行技巧和停止滑行技巧。

（4）教学程序

1）克服幼儿心理障碍。在每次上课前要让孩子们做适当的热身活动，要把全身的关节都运动开，切不可一开始就直接穿上鞋子滑行。在教新的动作时，也可以让孩子们先掌握动作要领，再穿上轮滑鞋进行练习。做好安全工作，保证儿童滑行时的安全，确保他们在进行轮滑练习时，有完善的保护措施，如戴好头盔、护膝和护肘等。同时，在严格的技术要求下，加强正确的技术指导和姿势示范，提高儿童的自信心，从而轻松地完成轮滑动作。在轮滑教学中一定要传授孩子们安全摔倒的方法，避免后仰，以免对身体造成伤害。课后要根据孩子们的学习情况进行总结，以表扬鼓励为主，对学得好、表现认真的孩子可以用发五角星等形式进行表扬，激发幼儿再次学习的愿望。

2）提高幼儿支撑平衡能力。支撑平衡能力是学习轮滑中必须掌握的基本技能。在每次课堂教学过程中应有计划性、目的性、针对性地进行单脚支撑的模仿练习，如原地出腿练习、两腿分开左右移重心、滑行姿势直线向前走、交叉步移重心等。

3）因材施教，区别对待。儿童学习轮滑，男孩和女孩之间也存在差异：男孩喜欢运动，胆子大，但是注意力集中时间短；女孩虽然胆子小，但是技术掌握扎实。因此，在教学中，应因材施教，区别对待。

总之，重庆市幼儿园体育活动开展现状说明，幼儿园中开设轮滑运动课程对幼儿身心健康发展具有重要影响。同时，从家长态度、安全保障、师资、场地和决策管理等方面分析在幼儿园开展轮滑运动的可行性，并就幼儿园开设轮滑运动的课程设置、教学方式、教学内容和教学程序等进行规划，旨在为重庆市幼儿园轮滑运动的开展提供一定的理论参考，丰富重庆市幼儿的体育活动。

2.3.7　校园轮滑示范学校

1. 重庆第二师范学院

重庆第二师范学院公共体育轮滑协会会员每学期有300～500人，轮滑社每学年有300多人参加。2012年10月～2013年6月，重庆第二师范学院承办重庆市高校轮滑项目开展推进会会议、第三届重庆市大学生自由式轮滑公开赛、阳光体育“轮滑神州”校园行暨重庆市“宝狮莱杯”速度轮滑友谊赛和重庆市大学生轮滑协会成立大会暨首届轮滑教学法培训班。

2012年10月20日，台湾轮滑竞赛联盟筹备处人员访问重庆第二师范学院，此行推动了台湾轮滑竞赛联盟、重庆市体育局、重庆市轮滑协会和重庆第二师范学院轮滑项目的交流合作。2012年12月25日，重庆市体育局和重庆第二师范学院共同建设的“重庆市轮滑训练培训基地”，在重庆第二师范学院举行了挂牌成立仪式。

2013年4月20日，由重庆市学生体育协会主办，重庆第二师范学院承办的第三届重庆市大学生自由式轮滑公开赛成功举行，这是高校与重庆市教育委员会和重庆市学生体育协会首次在轮滑赛事方面进行的工作活动。重庆市学生体育协会认可轮滑项目的发展，同时批复了重庆市大学生轮滑协会的请示，标志着由重庆第二师范学院牵头的重庆市大学生轮滑协会正式起航（图2.5）。

图2.5　第三届重庆市大学生自由式轮滑公开赛

为进一步贯彻落实《中共中央 国务院关于加强青少年体育增强青少年体质的意见》（中发〔2007〕7号）和《全民健身计划》精神，响应国家“保证中小学生每天一小时校园体育活动”的要求，2013年4月15日，由重庆市大学生体育协会主办，重庆第二师范学院承办的阳光体育“轮滑神州”校园行暨重庆市“宝狮莱杯”速度轮滑友谊赛在重庆第二师范学院轮滑场拉开了帷幕。同时本次活动得到《重庆晚报》、《渝报》、人民网、网易新闻和中国网等媒体报道，这对“轮滑神州”校园行活动的开展起到了良好的宣传作用，积极推动了重庆市轮滑项目的发展（图2.6）。

图2.6　阳光体育“轮滑神州”校园行暨重庆市“宝狮莱杯”速度轮滑友谊赛

2013年6月22日，重庆市大学生轮滑协会在重庆第二师范学院挂牌成立。重庆市教育委员会体卫艺处处长夏蒂，重庆市学生体育协会秘书长曹型远，重庆市大学生体育协会主席胡红、秘书长邵洪范与各部门负责人及重庆第二师范学院副校长张伟、教师教育学院院长江净帆等出席了大会。来自西南大学、重庆大学、重庆医科大学、重庆师范大学、重庆理工大学、重庆电子工程职业学院、重庆科技学院等十余所高校的轮滑协会代表和重庆第二师范学院体育教育专业、轮滑俱乐部200余人参加了成立大会。重庆市学生体育协会秘书长曹型远宣读了协会机构成员名单，重庆第二师范学院教师教育学院副院长吴红豫担任协会主席，教师教育学院体育教研室副主任孟现录担任秘书长。随后，重庆市教育委员会体卫艺处处长夏蒂将重庆市大学生轮滑协会挂牌授予重庆第二师范学院教师教育学院院长江净帆，同时为协会机构主席、秘书长人员颁发了聘书。轮滑协会承担起项目“普及推广”“提升水平”“组织竞赛”三项任务，并积极探索市场化运行的道路，努力为重庆市大学生体育文化的繁荣做出贡献。同时，重庆第二师范学院启动标准轮滑场地修建项目，修建的轮滑场地是当时西南地区唯一一个标准轮滑场地，在推广重庆乃至西南地区轮滑上起到至关重要的作用。2013年是重庆第二师范学院在校园轮滑发展中的第一年，也是推动重庆轮滑发展的重要一年。这一年中的工作如下。

第一，强化轮滑运动平台建设。重庆第二师范学院有三个轮滑运动项目相关基地、平台。首先是建设了重庆市轮滑训练培训基地，这些基地实实在在地承担了协会的部分训练、培训任务。其次是积极与重庆市大学生轮滑协会协调，使大学生轮滑比赛在2014年成为市教委主办的正式比赛项目。重庆第二师范学院是主席单位，承办了首届重庆市大学生轮滑比赛。另外就是在市体育局群体处的直接支持下，成功申报中国轮滑运动示范学校。

第二，推动校内轮滑运动普及开展。具体实施包括在学校开设轮滑选修课，两年来共有450名学生参与轮滑选修课。同时成立学校轮滑代表队，通过长期训练提升学生竞技水平，2013年代表队获得市级比赛团体冠军1项，单项冠军5项。

第三，踊跃参与轮滑运动竞赛活动。2013年重庆第二师范学院主办校内比赛2次，承办市级比赛2次，协办市级比赛3次；组队参加市教委、体育局主办的市级比赛各1次；举办中国大学生体育协会轮滑教学培训班1次，举办市轮滑协会教练、裁判培训班1次。

2014年重庆市教育委员会主办的重庆市大学生轮滑比赛（图2.7），是重庆市教育系统主办轮滑赛事的开端，本次比赛是校园轮滑推广和交流的平台。2015年，中小学和大学一起列入重庆市教育委员会主办的学生赛事活动范围，这些学生赛事活动鼓励了校园轮滑的发展，具体情况如下：从2014年12个单位参赛，发展到2017年107个单位参赛，从参加学生人数不足200人发展到近900人的规模。重庆第二师范学院将轮滑项目发展作为学校体育特色项目发展战略，并与重庆市教育委员会体卫艺处、重庆市学生体育协会、重庆市大学生体育协会、重庆市轮滑协会积极协同发展轮滑项目。

2013～2017年，重庆第二师范学院承办重庆市教育委员会、重庆市体育局和各类各级协会比赛50余场，组织活动培训和交流20余次，为推广重庆乃至西南地区的轮滑发展做出了很大的贡献（图2.8）。

图2.7　2014年重庆市大学生轮滑比赛

图2.8　2017年重庆市大中小学生轮滑比赛

同时，重庆第二师范学院校内开展轮滑公共体育课程和专业轮滑课程，成立轮滑工作室，并建立校轮滑队，2013～2017年的各类各级轮滑项目比赛中获得冠军130多项。2017年7月重庆第二师范学院轮滑冰球队代表重庆出征第十三届全运会轮滑冰球比赛。这支队伍由重庆第二师范学院轮滑队组成，是一支名副其实的学生球队，虽然在全运会中没有取得优异的成绩，也让队员们看到了和强队之间的差距，但队员们还是充分发挥了技术，并且体现出了顽强拼搏的精神，最终获得男子轮滑冰球决赛第八名的成绩。

2．重庆科技学院

重庆科技学院将轮滑课列入公共体育课程，由兰李淋和尹燕涛两位专业教师进行授课，两位教师还担任轮滑社指导教师。重庆科技学院YOYO轮滑社在重庆市高校中表现尤为突出，YOYO轮滑社成立于2007年4月，由冶金与材料工程学院的05级学生宋学晋创办。十多年来，YOYO轮滑社不断获得“重庆科技学院精品社团”、重庆科技学院“最佳人气社团”等荣誉称号，其主办的轮滑活动获重庆科技学院社团联合会“最具影响力活动”称号，YOYO轮滑社致力于为重庆科技学院轮滑爱好者提供更好的平台，携手轮滑爱好者将社团打造为最有影响力的轮滑社团。

十年来，YOYO轮滑社一直走在进步与征战的路上：2012年参加江苏海安第二届全国自由式轮滑竞标赛暨国际竞标赛选拔赛；2013～2016年蝉联重庆市大中小学生轮滑比赛第一名（图2.9）；2016年首次参加上海全国大学生自由式轮滑比赛并获得团体第二名的好成绩。这十年来，YOYO轮滑社一直活跃在轮滑的舞台上，并冲出重庆，跻身于全国的舞台，在以后将走向更远、更高的舞台。

图2.9　2016年重庆市大中小学生轮滑比赛高校组冠军

在比赛、培训和交流方面，重庆科技学院积极配合重庆市教育委员会、重庆市学生体育协会、重庆市轮滑协会、重庆市大学生轮滑协会完成各类比赛、培训和交流活动。

2013年10月26日，由重庆市大学生体育协会主办、重庆大学生轮滑协会和重庆科技学院协办的重庆市第四届大学生暨青少年轮滑公开赛在重庆科技学院拉开了帷幕（图2.10）。来自重庆大学、重庆科技学院、重庆第二师范学院等14支高校代表队以及10多支轮滑俱乐部代表队共计900多人参加了此次大赛。经过激烈角逐，重庆科技学院于欢同学获得了大学生男子组公路赛第一名，重庆大学代表队获得了大学生环校园接力赛团体冠军。大学生花式刹停赛第一名、大学生花式绕桩第一名分别被重庆师范大学韩承超同学和重庆电子工程职业学院龚腾辉同学获得。重庆市大学生轮滑协会秘书长孟现录表示，重庆轮滑运动目前还处于起步阶段，希望通过比赛吸引更多的青少年积极参与，从而让轮滑运动在重庆能够真正“热”起来。

图2.10　重庆市第四届大学生暨青少年轮滑公开赛

2016年7月12日，由重庆市轮滑协会主办，重庆市大学生轮滑协会和重庆科技学院等单位协办的重庆市首届公路轮滑暨第三届“舞渝轮比”大赛在大学城青年广场和重庆科技学院轮滑球场举行（图2.11）。比赛按年龄分设成年、少年、幼儿等组别，具体到比赛内容上有花式绕桩、速度过桩、花式刹停、冲刺赛、公路赛和轮滑球等竞赛项目，参赛运动员在为期两天的比赛中角逐34个单项冠军。冲刺快如闪电、疾如飞鸟，绕桩似蝴蝶穿花、潇洒自如，数百名轮滑少年成为了大学城最美的风景线。沙坪坝区体育局副局长朱光宇介绍：“轮滑运动深受青少年喜爱，自从引进到我国后发展迅速。沙坪坝区作为教育强区，学校众多，学生人群尤其是青少年高度聚集，因此也经常举办轮滑赛事，本次比赛就吸引了川渝两地18支队伍260名运动员参加。”重庆市体育局群体处处长、重庆市轮滑协会主席张小波说：“本次比赛既有轮滑球又有花式赛，还首次设置了公路赛，可以说是三赛合一。国务院37号文件《全民健身计划》中强调青少年体育运动发展，而轮滑运动的开展正是对青少年体育运动的有力推动，速滑也已成为奥运会的备选项目，轮滑运动迎来了很好的发展机遇。”

图2.11　重庆市首届公路轮滑暨第三届“舞渝轮比”大赛

重庆科技学院从2012年开设轮滑选修课以来发展态势良好，每年教授轮滑选修学生1000余人，学生社团每年招新200余人，学校轮滑运动代表队先后获得2014年、2015年、2016年重庆市大学生轮滑比赛团体冠军称号。2016年还获得全国大学生自由式轮滑锦标赛团体亚军称号。2015年重庆科技学院获得了“重庆市轮滑运动示范基地”的授牌，同时与重庆市体育局、重庆市轮滑协会、沙坪坝区体育局协同完成大型赛事的举办。作为学校体育运动的重要组成部分，轮滑运动在重庆科技学院的广泛开展充分带动了学生课余锻炼的热情，既愉悦了身心，又促进了健康；既丰富了学生大学生活，又为培养学生终身体育爱好奠定了基础。2016年12月18日重庆市轮滑协会年会暨表彰大会上，重庆科技学院获得“2016年重庆市轮滑协会先进单位”荣誉称号，体育部副部长朱海涛获得“2016年重庆市轮滑协会先进个人”荣誉称号并于2017年被聘为重庆市轮滑协会副会长，另两名专任教师尹燕涛、兰李淋获得“2016年重庆市轮滑协会优秀裁判”荣誉称号。

近年来，随着青少年体育政策的进一步深入发展，轮滑球运动在全国各地掀起了一股新热潮，相应赛事活动逐渐增多。例如，2017年5月28日～30日重庆市教育委员会主办的重庆市大中小学生轮滑比赛，以及8月18日～20日重庆市体育局主办的重庆市第七届全民健身运动会，均设有轮滑球项目。同年，轮滑球项目正式进入2017年天津全运会，这标志着轮滑球项目进入了一个新的发展阶段。2017年5月，重庆科技学院、重庆市轮滑协会、重庆市大学生轮滑协会三个单位协同推进轮滑球运动公益培训，共同举办了“渝您同行”轮滑球教练员、裁判员公益培训班（图2.12）。本次培训推动了轮滑球运动的有序发展，培养出一批高素质轮滑球训练员，促进了轮滑球项目在重庆市的普及与推广。本次培训内容包括：轮滑球基础理论，青少年体育训练学，青少年生长发育学，幼儿游戏与教学心理学，教练员与家长沟通技巧，轮滑进校园指导，轮滑球滑行技术，轮滑球控球、传接球技术，轮滑球球队合练指导，轮滑球陆地、体能、柔韧性训练，俱乐部、球队运营推广模式。本次培训中，组织者将多年来累积的青少年轮滑球教学研究、球队发展、俱乐部管理经验毫无保留地分享给每位学员，让学员在最短的时间内从一名爱好者成长为优秀的教练员、俱乐部管理者。

图2.12　2017年“渝您同行”轮滑球教练员、裁判员公益培训班

3. 重庆市上浩小学

重庆市南岸区上浩小学位于美丽的南山脚下，是一所有近80年历史的学校。该学校一直以尊重、爱护每一个学生，将学生的成长需求放在首位为办学宗旨。该学校有教学班15个，有学生近700余人，有教职工40人，其中市区级骨干教师8人，体育教师8人，轮滑二级裁判3人，取得轮滑等级考官证的有3人。2014年，该学校加强与重庆第二师范学院的合作，在高校专业教练的大力支持下，将轮滑运动作为特色项目引入学校，并于2015年秋季正式将轮滑运动列入一、二年级课程，每周开设一节课。在课程学习之余，体育组成立校级轮滑运动队，利用每天课外时间进行训练。学校轮滑训练起步晚，但是在高校资源的大力支持、专业教师的尽心引领下，学校轮滑运动取得了好成绩。2016年5月，在重庆市教育委员会主办的“2016年重庆市大中小学生轮滑比赛”中，该校参加了团体拉龙、速度过桩、花式绕桩、300米计时赛、500米计时赛、1000米计时赛等项目共6个组别的竞赛项目，获得了团体总分第二名的好成绩，并获得个人奖项近50个，运动队荣获“体育道德风尚奖”，指导教师王春勤、卞红海、杨山被大会授予“个人体育道德风尚奖”。

2016年7月，在大学城青年广场和重庆科技学院轮滑球场，该校协助重庆市轮滑协会承办了“轮滑神州校园行——重庆市首届公路轮滑暨‘舞渝轮比’大赛”并取得圆满成功（图2.13）。在这次大赛上，该校队员参加了60米冲刺赛、速度过桩、花式绕桩、公路赛并在比赛中一展风采，创下佳绩。

图2.13　上浩小学“轮滑神州”校园行活动启动仪式照片

2016年6月，学校成功申报“重庆市轮滑运动示范学校”，并由重庆市教育委员会和重庆市学生体育协会授牌成立，8月，该校又积极申报“中国轮滑运动示范学校”，2017年10月，获得“中国轮滑运动示范学校”称号。

上浩小学积极参加重庆市教育委员会、重庆市体育局、重庆市学生体育协会和重庆市轮滑协会举办的各级各类比赛，成果丰富。学校积极投入场地建设，学习江苏省徐州市云兴小学轮滑发展模式，修建轮滑场地和轮滑球场地，积极开展轮滑校园竞赛和等级考核。

在轮滑推动方面，重庆市上浩小学得到南岸区教育委员会和重庆市教育委员会的高度认可，很多重庆及外地小学到学校考察交流。同时该校与重庆珊瑚中学达成合作协议，培养和输送高水平的轮滑学生到中学，形成“一送一”和“点对点”的小学输送中学的轮滑特色模式。重庆上浩小学在积极推动轮滑运动中，期待更多的机会和平台，以此来大力推动学生兴趣高、社会认可的新兴轮滑项目。

案例四

【背景】

为了深入贯彻落实《中共中央 国务院关于加强青少年体育增强青少年体质的意见》（中发〔2007〕7号）精神，国家体育总局社会体育指导中心、中国大学生体育协会、中国中学生体育协会、中国轮滑协会自2012年开始开展阳光体育“轮滑神州”校园行活动，这项活动得到了上浩小学教师和学生的喜爱。为了进一步推广普及轮滑运动，上浩小学决定在2016年推进和开展全国阳光体育“轮滑神州”校园行活动。上浩小学以阳光体育“轮滑神州”校园行为主题，在全校掀起轮滑体育锻炼热潮，为切实增强学生体质，切实减轻学生课业负担，全面推进素质教育，促进学生全面发展做出了贡献。

2016年阳光体育“轮滑神州”校园行活动总结

——重庆市南岸区上浩小学

一、上浩小学轮滑运动情况介绍

重庆市南岸区上浩小学从2014年开始筹建学校轮滑社团，在重庆市轮滑协会和重庆第二师范学院的支持下，引进和开发了学校体育特色轮滑项目，并在2015年进行了校队的组建，学校轮滑队坚持训练，积极参加重庆市各级各类比赛，在2016年5月重庆市教育委员会主办的重庆市大中小学在轮滑比赛中获得小学组团体第二名的好成绩，该项赛事小学组共有28支代表队参加，这28支代表队同时获得“体育道德风尚奖”的称号。上浩小学在发展学校轮滑队的同时加强了对学校学生进行轮滑运动的普及，本学年轮滑项目课程成了学生必修内容之一。由于上浩小学对开展轮滑运动的重视和普及，其在推广小学轮滑发展中起到了积极模范带头作用，在2016年上浩小学又被评为“重庆市轮滑运动示范学校”。

二、阳光体育“轮滑神州”校园行活动启动仪式

2016年6月30日上午，随着上浩小学校长王春勤宣布：“阳光体育‘轮滑神州’校园行活动走进我们上浩小学了！”学生们爆发出了热烈的欢呼声，2016年的阳光体育“轮滑神州”校园行活动正式开幕。

随后进行了上浩小学轮滑成果展示活动。在全国大中小学生轮滑比赛中获得了花样轮滑第三名的杨晨曦同学进行花样轮滑表演。获得团体拉龙比赛第二名的上浩小学轮滑队也把精彩的团队拉龙表演再次呈现。尽管这支轮滑队伍才成立一年，却在全国大中小学生轮滑比赛中取得了佳绩，展示了团队的拼搏进取精神。

阳光体育“轮滑神州”校园行活动启动仪式邀请了重庆市教育委员会、重庆市体育局和重庆市轮滑协会相关人员，并得到了高度认可，启动仪式由上浩小学校长王春勤主持。

三、阳光体育“轮滑神州”校园行活动

2016年7月9日，阳光体育“轮滑神州”校园行活动——重庆市首届公路轮滑暨第三届“舞渝轮比”大赛在大学城青年广场隆重举行，在主办方重庆市轮滑协会的大力支持下，上浩小学与重庆市沙坪坝轮滑协会、重庆市大学生轮滑协会承办了本次赛事。尽管天气炎热，但参赛选手们的热情和会务组的精心筹备确保了比赛的顺利进行。本次比赛中，来自重庆市上浩小学、重庆科技学院、隆昌县业余体育学校以及市区轮滑协会、轮滑俱乐部等的18支参赛队伍230名运动员参加了60余个项目的比赛。该活动得到《重庆晚报》、人民网、重庆微体育等媒体报道，同时由重庆影视频道对本次活动进行视频转播。本次活动得到了相关部门和轮滑爱好者的高度认可。

上浩小学轮滑队员们在少年乙、丙组的60米冲刺赛、速度过桩、花式绕桩、4千米和6千米公路赛等比赛项目中一展风采，再一次创下佳绩。杨晨曦同学获得少年女子乙组6千米公路赛第一名和公路赛接力第三名的好成绩，其他选手也在多项比赛中有所斩获。

目前，轮滑是学校的体育特色课程之一，学校聘请了专业教练对轮滑进行指导，并将轮滑纳入一、二年级教学课程，每周都有开设。学校有两支校级轮滑队，每周进行三次以上的课余训练。在普及与提高的基础上，学校搭建平台，组织学生参加各级各类比赛，以赛带训，极大地提高了学生的体育运动水平。

【总结】

通过这次阳光体育“轮滑神州”校园行活动，上浩小学轮滑项目从技术培训、竞赛交流到趣味活动都取得很大进步，活动有计划、有组织、有规模，拥有专业的轮滑教师和教练员，其中卞洪海和杨山老师已获得世界自由式轮滑协会轮滑星级考官资格。同时，学校与重庆市轮滑协会、重庆第二师范学院和重庆市星联盟体育文化传播有限公司进行合作，实现了“协会引领、高校和俱乐部共同助力”的协同发展的校园轮滑模式。学校主要从速度轮滑、自由式轮滑和轮滑球三方面对学生进行技术训练，学生参加了重庆市、西南地区各类各级比赛，成绩突出。对本次阳光体育“轮滑神州”校园行活动，人民网、新华网、《重庆晨报》、《重庆晚报》都进行了深入报道。在2016年阳光体育“轮滑神州”校园行活动中，学校学生得到了成长，体育活动方式也得到了进步。在以后的阳光体育活动中学校也将不断探索，为校园体育、学生体育做出更大的贡献。

4. 重庆市云阳县黄石小学

黄石小学是百年老校，历史悠久，特色轮滑全县闻名。“轮滑是一种技术，轮滑是一种精神，轮滑是一种文化，轮滑是一种艺术”，这是黄石小学对轮滑运动的独特体验。黄石小学的轮滑开始于2008届毕业班的“六一”汇演，在开幕式上梅俊莲老师和徐培清老师编排的轮滑节目引起领导、家长和学生的极大关注。2010年9月，黄石小学正式将轮滑运动确定为学校特色体育项目，以此推动学校体育活动的开展。轮滑活动得到了家长们的大力支持，他们积极为自己的孩子购买轮滑运动所需装备，鼓励孩子踊跃参与轮滑赛事项目。通过近几年的训练、竞赛、展演，学生掌握了一定的技能技巧，并对轮滑产生了浓厚的兴趣。黄石小学的学生还带动身边的幼儿甚至成人参与轮滑，轮滑运动在云阳县已经成为一种时尚运动。

黄石小学在云阳县教育委员会和重庆轮滑协会协同指导下，进行了长期的艰苦训练。如今学校的轮滑队，展现形式花样新颖，技巧娴熟，轮滑队队员能轻轻松松地在滑行中摆出各种姿势与造型，动作优美流畅，单、双脚S，正蛇、倒蛇，正剪、倒剪等多种花样应有尽有。轮滑队员脚踩轮滑鞋快速而过，常常引得路人围观，博得阵阵喝彩。

2013年黄石小学的轮滑项目被云阳县教育委员会定为县级特色体育项目，同年，该校参与了县级教育系统首届艺术节展演，轮滑表演获得了观众的好评。2014年的第二届文化艺术节，黄石小学轮滑队仍然气势不凡，令观众耳目一新。2015年黄石小学的轮滑项目被重庆市教育委员会评为市级特色体育项目。在2016年和2017

年的市级比赛中，该校轮滑队又分别获得小学组团体第一名和第二名的好成绩。今后，黄石小学还将加大轮滑的硬件投入的力度，让学生在运动中滑出精彩与健康，滑出童年的激情与梦想。

2017年，黄石小学参加了云阳县第五届文化艺术节，每天的训练紧锣密鼓，特色轮滑给了学校奋进的力量，黄石小学的轮滑水平也因此更上一层楼。轮滑运动作为一种体育项目，蕴含着娱乐健康的意义，已成为广大群众特别是青少年所推崇、青睐和积极参与的社会活动，也不断地融入人们的日常生活。学习轮滑可以提高孩子的身体素质，提高心肺功能和平衡能力，增强身体协调性、反应速度及准确性，有助于培养孩子的耐力、勇敢顽强的性格、超越自我的品质、迎接挑战的意志和承担风险的能力，培养孩子的竞争意识、协作精神和公平观念，提高自信心，并给孩子更多参与展示的机会。纯真的童年，因为轮滑的乐趣会给孩子们带来一份欢笑和美好的回忆。

专家的研究分析结果显示：轮滑运动能够有效地改善和提高机体中枢神经系统的功能，提高呼吸系统、消化系统、血液循环系统等内脏器官的生理功能，能够全面提高人体的速度、力量、耐力、灵敏、柔韧等各项功能，能够逐步使参与者头脑机智、反应灵敏、体魄健壮、精力充沛，对意志品质更有特殊的锻炼效果，这项运动对于促进青少年儿童身心健康发展有着十分积极和重要的作用。

“轮滑是一种艺术，需要我们不断实践；轮滑是一种精神，需要我们不断登攀”，操场上那大大的标语激励着孩子们，也鞭策着老师们奋勇前进。黄石小学校园处处有轮滑的踪影：校门迎面墙上“轮滑与潮共舞，童心携梦齐飞”的巨幅展板，精彩展现了黄石小学轮滑历史的动人瞬间；花坛里、走廊上都有关于轮滑的名言警句。黄石小学师生眼中处处有轮滑，心中时时有轮滑。黄石小学学生在轮滑的追风与洒脱中生活得欢心愉快。

在轮滑运动蓬勃发展的这几年，黄石小学的教育教学质量也一年上一个台阶。在全县教育教学质量的抽测、统测中，黄石小学各个年级的成绩都名列前茅，综合考核稳居前列。可以说，轮滑给黄石小学带来了丰硕的收获：振奋了师生的精神，激发了师生的斗志，鼓励了师生的创新，催动着师生奋进。“小小轮滑滑世界，大大人生生精彩。”

2.4 俱　乐　部

随着我国经济的持续发展，家庭收入的大幅度提高，越来越多的人可以近距离感受轮滑运动，尤其是对少年儿童来说，家庭很容易给予支持。在这种环境下，我国轮滑运动迅速发展，轮滑俱乐部和轮滑培训机构应运而生。国内轮滑俱乐部由各省会城市迅速发展到地级市，并快速推广到县级以上的城市，甚至区县社区与文化宫都有了轮滑俱乐部的存在。人们参与热情高涨，这为轮滑俱乐部的发展提供了强劲的动力。

重庆市轮滑培训发展较快，俱乐部发展为重庆轮滑项目的发展奠定了重要的基础。英国著名的伊顿公学认为，体育的本质是人格的教育，那么在运动场上，究竟需要磨炼孩子的哪些品质，才对其未来的发展有益？其中关键的一点就是难以击垮的信心。现在的孩子越来越害怕失败，倾向于逃避困难，但只有经历失败，学会面对失败，走出困境，才能建立真正的信心。体育精神要求提起精气神儿，认真专注，对自己严格要求。而这恰恰是很多孩子做不到的。家长常常抱怨孩子不愿意吃苦，但是家长并没有给孩子提供吃苦的机会，导致孩子遇到困难，很快就想放弃。而在体育运动枯燥的训练中，如能一直坚持下去恰能很好地磨炼孩子越挫越勇的品质。

未来的社会需要孩子拥有强大的资源整合、跨界合作、在竞争中寻求共赢的能力。团队运动中所培养出来的团队精神、竞争和合作的意识，都是孩子们未来成功的保证，运动能明显改善孩子的注意力、自控力和长期记忆力。随着培训俱乐部的社会需求逐步提升，俱乐部自身也在提升。“与时俱进”能在经济迅猛发展下，发挥好轮滑俱乐部的市场潜力；能让家庭、学校和社会接受轮滑俱乐部；能使俱乐部在政府和社会力量下协同发展。

2.4.1 “与”

1. 与政府、协会协作

伴随着国民生活水平日益提高，人们更加关注自身的身心健康。体育协会作为社会力量的重要组成部分，是实现体育治理体系和治理能力现代化的关键因素之一，体育协会改革是我国体育管理体制改革的必然选择。体育协会的发展不仅是加快建设体育强国的催化剂和推进政府职能转变的有效途径，也是促进该运动项目可持续发展的重要手段，还是提升市民体育参与感的长久之计。体育俱乐部通过培训使学员强壮体魄，获取优异成绩；通过活动扩大俱乐部影响，获取经济利益；通过健康的竞赛环境追求利益最大化。

中国轮滑协会主要负责轮滑运动发展，通过指导、管理、服务等方式，推动全国轮滑运动的普及与提高。促进基层轮滑协会的建立与发展，调动社会力量尤其是轮滑俱乐部参与轮滑运动，就要打破利益藩篱，促进市场资源合理配置，创造公平、公正的竞争环境，同时需要轮滑运动的经济效益与社会效益相互影响，互相促进。轮滑运动发展需要制定、完善《轮滑业余锻炼标准》《轮滑公园评选标准》《轮滑基地评选管理办法》，修订《轮滑运动员注册制度与交流实施细则》《轮滑运动员技术等级标准》《轮滑教练员裁判员培训管理办法与实施细则》。各省级、市级轮滑协会在中国轮滑协会和地方体育业务主管部门的指导下开展推动轮滑运动的工作。

2015年下半年中共中央办公厅、国务院办公厅印发的《行业协会商会与行政机关脱钩总体方案》，要求“积极稳妥推进行业协会商会与行政机关脱钩”。2015年8月17日，国家体育总局局长刘鹏召集中国足球协会全体人员开会，宣布足球改革具体事宜，拉开了协会与体育总局脱钩的大幕，同时确定了第一批14个全国性体育协会与体育总局的脱钩改革试点，这标志着新时期我国全国性单项体育协会“脱钩”“去行政化”的深刻变革正式开启。

目前，国内轮滑协会主要分为三个类别。

第一类：地方协会管理与运行权限在体育局或者文化委。在竞赛活动安排或者活动交流方面，活动具体执行和实施主要由体育局或文化委工作人员负责。在此过程中，活动的主要参与对象为所在区域大型俱乐部，小型俱乐部参与的机会较少。

第二类：地方协会管理权限在体育局，运行权限在公司或者个人。随着协会的改革，协会去行政化，由当地区域的、具有代表性的公司或者个人承担协会的运行，运行的过程中，主要是公司、俱乐部或者个人负责对接。

第三类：独立法人协会。独立法人协会是协会发展改革的需要，当前注册协会鼓励以个人作为自然法人去申办，现阶段在申请过程中，申请流程和批准概率各地区之间存在较大差异。此类协会以泸州市轮滑协会为代表，其以个人作为自然法人进行协会申办，并获得批准。

总之，不论协会以什么形式存在，在活动组织中，不可缺少的是俱乐部的参与。因此，政府或者协会组织活动时，与俱乐部相互配合、相互支持，共同完成任务，才能更有效推动地区轮滑运动的发展。

2．与同行、学校协同

俱乐部逐渐发展，在市场竞争大潮中，出现了一些“开放型”和“自我型”的俱乐部模式。有些俱乐部愿意与其他俱乐部分享经营成果，也敢于分享自己俱乐部的成功经验。在西南轮滑产业峰会上，“星联盟”创始人何建敏先生提到：“竞争将会被弱化，合作将成趋势，开放亦是自救。”再如，重庆CG滑板创始人陈昱东先生在重庆市滑板发展规划研讨会中谈到："项目发展不在于拥有多少资源和调动多少资源，而是资源融合后的价值是多少。"有些俱乐部经营较好，有固定的学员参与、有固定的器材销售、有固定的收入，与其他俱乐部不存在竞争，这类俱乐部也是社会轮滑俱乐部发展的榜样。在协同发展中，各俱乐部应团结、公平、共赢，去恶性竞争，促大局发展。

轮滑运动对于中小学体育教学而言，是以提高教学的趣味性，让学生在欢乐、愉快的气氛中参与课堂练习，达到强身健体、锻炼意志及陶冶情操为教学目的。轮滑运动是一项深受中小学生喜爱并且有全面锻炼价值的运动，对促进中小学生的身心发展有着重要作用。朱林凯、王静妍发表的《试析广东省中小学生大力开展轮滑运动的意义》中从多方面分析了轮滑运动开展的益处，为更好地促进轮滑运动在中小学的开展提供了理论依据。李达在硕士学位论文《长春市中小学开设轮滑选修课的教学现状及发展研究》中提到，在全面推进中小学素质教育和贯彻"健康第一、终身体育"的指导思想下，轮滑运动先被有条件的中小学纳入课外体育活动中。随着社会经济的发展，教育改革的不断深入，轮滑运动现已在我国中小学体育教学中占据了一定的地位，并且会日趋完善。一些中小学体育教师在日常教学中不断进行经验总结与创新，在推动中小学轮滑运动开展的工作上也做了不少的努力，戴佐承发表的《抓好轮滑教学的四个阶段》一文中提到，通过在小学体育课教学中开展轮滑运动，得出了轮滑教学的四个重要阶段，并通过实践取得了良好效果。但是，中小学教师均不是轮滑项目的专业教师或教练，因此在中小学甚至幼儿园推广轮滑均存在制约性。轮滑运动在重庆发展中，由协会引领，重庆市轮滑协会和重庆市大学生轮滑协会共同携手组织多层次和各类型的竞赛活动，尤其是"中小学生轮滑比赛"等基层比赛，鼓励轮滑俱乐部与学校合作组建轮滑队，利用优势互补，实现强强联手，使学校和俱乐部共同发展。

3．与家庭接洽融合

家庭是输送学员到俱乐部的源泉，也是轮滑培训和器材消费的直接对象。俱乐部在发展中，宣传和品质尤为重要。宣传是更好地让家长知道轮滑是什么，为什么让孩子参与轮滑，品质是让家长认可，俱乐部与家庭一定要融洽相处。

案例五

【背景】

俱乐部宣传的目的是让家长认同信服俱乐部。现在的俱乐部不只是技术的教学和传授，更多的是关心与关爱。重庆斯凯汀轮滑俱乐部教练员在圣诞夜扮演成圣诞老人，给每位学员送"礼物"，俱乐部在教授知识与技能之余给予孩子更多成长上的关爱。

下面的案例是一个俱乐部在父亲节的宣传。

飞鹰轮滑北碚校区（俱乐部）——以“爱”之名
把我家扛在肩头的男人
他是我爸爸
因我呱呱坠地喜极而泣的男人
他是我爸爸
可能生活没有那么多惊喜，可是他的手每次放在背后
好像总能摸出什么惊奇的东西
他可能不需要什么煽情的话
一句“爸爸”
能让他开心半天
他力气不是最大
却撑起了整个家

飞鹰轮滑北碚校区，开启了父亲节模式。

飞鹰轮滑俱乐部的孩子们用自己的双手献给了爸爸们一份特别的礼物——给爸爸洗脚。飞鹰小宝贝们小心翼翼地给爸爸端洗脚水、试水温，服务贴心。

孩子们动作认真，仔细得连每个趾缝都不放过。家长们脸上洋溢着幸福的表情。

把父亲节过成家庭日，也满满的都是爱。有的爸爸们忙得没时间过节，只有妈妈们来参与节日活动（图2.14）。

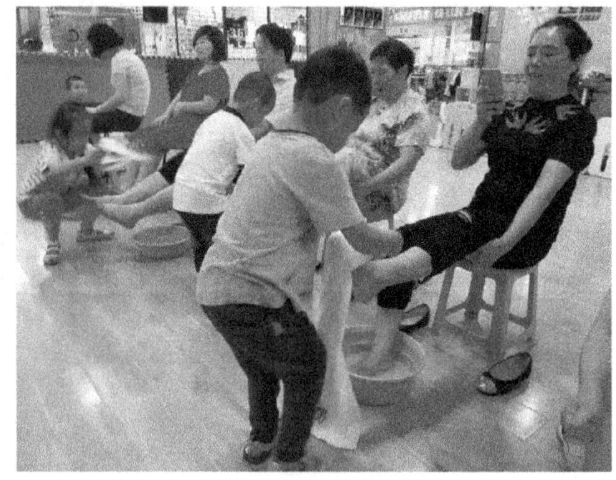

图2.14　以“爱”之名活动

“爸爸，洗脚。”爸爸们用一双脚踩出了全家的路，不知道走过了多少路才能走到今天，这么辛苦，孩子们当然也要犒劳一下。

把“爸爸”装进心里，

每一天都是过节。

愿时光对他温柔以待。

“我们既是孩子的教练，又是孩子的老师，更是孩子的家长。”飞鹰轮滑承担的是“轮滑技术教学+感恩教育+赛事活动”。

【总结】

在体育学习中，飞鹰轮滑的教学内容并不单一，不仅有轮滑教学还有爱的教育。在孩子参加培训期间，举办各种小活动，无疑也促进了家庭和谐。家长在子女培养中想让其收获的，不仅是技术，更多的是对社会的适应。通过一些活动，让教练员成为孩子的家长，用心关爱，让俱乐部成为家，让家庭与俱乐部融合。

4. 自我提升，外部交流

2012年，重庆市轮滑协会举办会议时，参会的大多数是16～20岁的青年，以前他们在谈论俱乐部发展时，常用“我”，现在在一起开会时，则用“我们”。从“我”到“我们”的转变，说明重庆轮滑教练员在成长和进步。在重庆市，轮滑俱乐部中教练很多都是业余爱好者，教练的文化程度参差不齐，教学效果不够理想。俱乐部教练队伍不稳定、水平参差不齐和培训不规范，从很大程度上影响了消费者的心理，也不利于轮滑运动的可持续发展。随着轮滑运动的迅速发展，社会越来越接纳轮滑运动，对提升教练员技术、教学和业务能力需求呼声很高，因此俱乐部教练员的自我提升极为关键。自我提升也称为自我增强、自我提高等，作为肯定自我的驱动力、维持自尊的途径、寻求自我评价的动机，其核心在于人们有一种增强自尊、提高个人价值感、寻求积极自我认识、避免消极反馈评价的需要，它同时具有自我提高和自我保护两种功能①。一些俱乐部或联盟，在轮滑培训的淡季安排教练员内部培训，不断提升工作人员的综合能力。同时，轮滑俱乐部会派公司员工外出参与交流和活动，汲取先进经验，扩大视野，提升对轮滑运动认知的高度，更好地服务于轮滑运动的发展。

2.4.2　“时”

1. 时代、市场需求同步

随着轮滑培训的市场需求越来越高，培训机构服务不断升级，在重庆地区以及一

① 刘肖岑，王立花，朱新筱. 自我提升的含义与研究［J］. 山东师范大学学报（人文社会科学版），2006，51（3）：145-148.

些雨水较多的地区，室外广场的培训逐步向室内培训转型。

北京汉博赢创商业管理有限公司西南区拓展总监孙娜娜女士在西南区轮滑产业峰会上分享《消费升级浪潮下的购物中心轮滑趋势》，对国内消费行业进行分析和经验分享。国家统计局数据显示，2017年前三季度，消费、出口、投资总额均实现不同程度增长。国内消费持续强劲，2017年前三季度社会消费品零售总额为26.3万亿元，同比增长10.4%，最终消费支出对经济增长的贡献率达64.5%，刺激了商业地产的扩围之势（图2.15）。

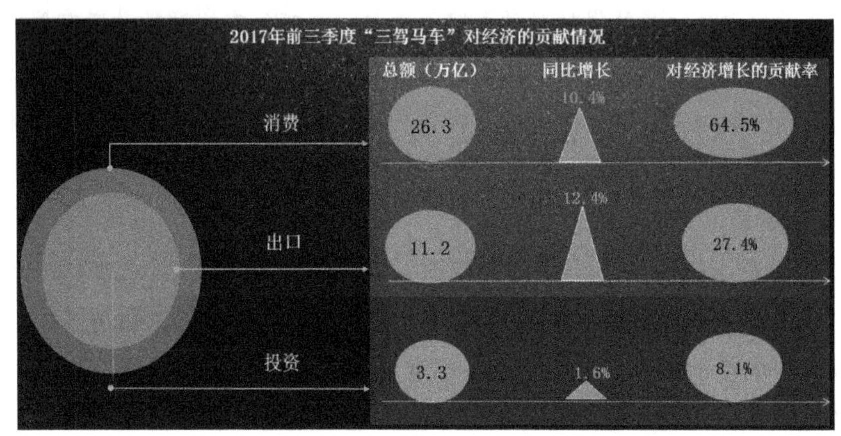

图2.15 消费、出口、投资对经济增长的贡献情况

据赢商大数据中心统计，2017年全国计划开业970个购物中心，实际新开504个，466个项目延期开业，开业率下降至52%，连续5年微幅下跌。自2014年开始，商业供应增速放缓趋势明显，商业供需矛盾日益突出，商业竞争更为激烈，预计未来开发商对增量商业市场持更谨慎的态度，盘活存量将成为企业经营重点。统计范围是商业面积不小于3万平方米的集中型零售商业，包括购物中心、商业街等，不含专业市场、文旅项目。2017年全国一、二线城市体验式购物中心数量占比超70%，体验式消费红利持续释放。体验式商业市场份额的逐年扩增，不仅推动了传统消费的结构性升级，还促使了更多新兴消费领域诞生，未来商业地产和资本市场将会有一个巨大的、可持续的投资“金矿”。统计范围是全国28个城市商业面积5万平方米及以上已开业的746个购物中心。体验业态以餐饮、休闲娱乐、儿童亲子（不含儿童零售）品牌为统计范围。体验式购物中心：体验业态数量占比不小于30%。2017年全国一、二线城市购物中心新兴品牌、创新业态数量占比均增长2%，分别为27%、15%。保持业态更替、品牌组合在市场上的引领性，将成为商场提高差异化竞争力的有效手段。

随着消费需求日趋多元，商场“表达”方式不再仅仅是购物，而是更多地呈现在休闲、运动、娱乐、就餐、培训、教育等多方面的消费领域，购物场所也从以往的单一零售中“脱胎换骨”，向“全方位生活方式体验中心”进阶。统计范围是全国28个城市商业面积5万平方米及以上已开业的746个购物中心。新兴品牌界定：近三年进驻内地购物中心的品牌。创新业态界定：对创新业态的界定是一个相对概念，指相对于传统的各大业态，在近几年开始进驻购物中心或是传统大业态中衍生出的新品类，以及各类大打体验消费的新晋热门业态（图2.16）。

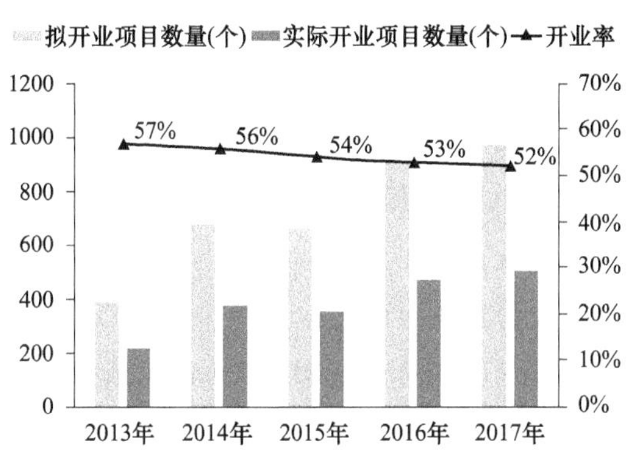

(a) 2013～2017年全国购物中心增量和开业率

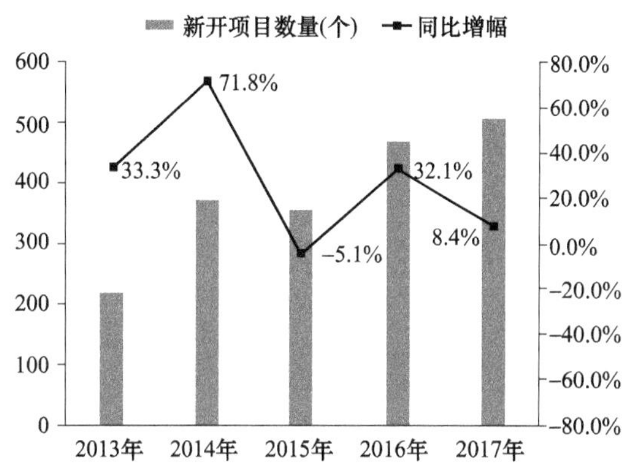

(b) 2013～2017年全国新开购物中心数量同比增幅

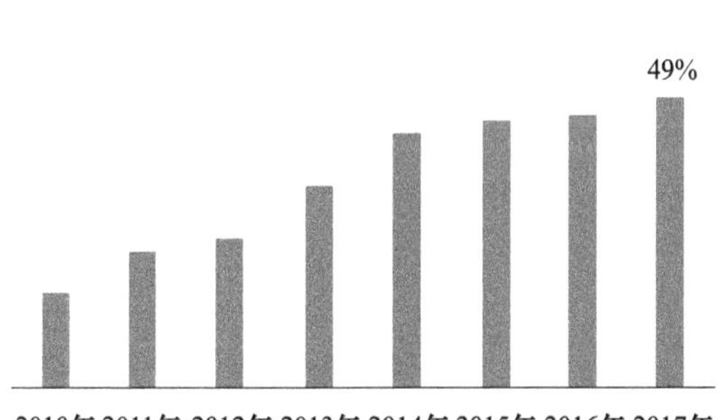

(c) 2010～2017年全国一、二线城市购物中心体验式业态平均数量占比趋势

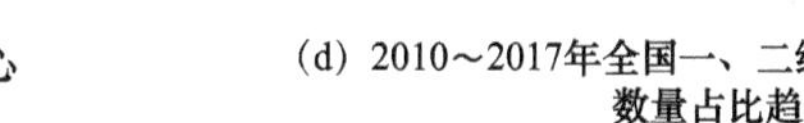

(d) 2010～2017年全国一、二线城市体验式购物中心数量占比趋势

图2.16　近几年全国购物中心发展情况

2017年度购物中心发展总结为以下核心关键词：消费升级附能（消费能力持续强劲），三、四线城市（未来三、四线城市的消费升级将成为大消费行业的催化剂），开业率下降（盘活存量商业或将成为企业生存“最强助攻”），体验式消费（体验式消费红利持续释放），创新业态/新兴品牌（创新成为商场提高差异化竞争力的有效手段）等。据北京汉博赢创商业管理有限公司分析，2018年全国购物中心拟开业数量情况如下：全国2018年拟开业项目总量192个，总体量1865.98万平方米，开业项目数量最多的区域仍为华东，西南区排名第二。对比2018年与2017年购物中心开业数量显示，开业数量有明显增长的区域为西南、华南、西北，华东虽然2018年开业数

量排名第一，但较2017年相比呈下降趋势。从2018年拟开业项目数量排名前20的城市来看，未来全国商业重心是西部和长三角市场。重庆超过上海、广州、深圳成为开业数量排名第一的城市。四川占近4成，商业下沉县级市加速。重庆、西安是“排头兵”；昆明进入前十，超越成都；贵阳也进入前20，跟合肥比肩。西部商业的崛起，同时也意味着体验式消费的崛起。

儿童体验业态进入了发展快车道，轮滑培训也进入了购物中心儿童系列培训的发展快车道。RET睿意德中国商业地产研究中心的《儿童业态研究报告》显示，在42个城市中儿童业态的商业总面积已达到916.1万平方米，在购物中心中的占比由2011年的5%上升至2015年的15%。根据赢商大数据中心统计，2017年儿童业态已占购物中心总体量的20%，仅次于餐饮业态。同时，随着“全面二孩”政策放开，中国儿童消费市场的活力也被彻底激发出来了。2017年被业界称为“童装市场爆发元年”，中国童装市场规模突破1500亿元，奢侈品牌、快时尚品牌、体育运动各大品牌都在抢占童装“红利”。盈石集团研究中心的数据显示，中国儿童消费市场规模已经接近4.5万亿元：培训类消费占比最高，为26.8%；其次是娱乐性消费占比，为15.6%，达到了4600亿元。由此可以看出，儿童培训消费和娱乐消费将是儿童业态发展的重要方向。购物中心中儿童零售的比重由2011年的85%下降到2017年的25%，而儿童摄影、儿童教育、职业体验、母婴服务、儿童拓展和儿童餐饮都呈现明显的上升趋势，儿童业态呈现的第二种变化趋势就是从过去单一的以商品为核心的儿童零售向儿童教育、儿童拓展、儿童运动项目体验等多元化的领域拓展（图2.17）。

图2.17　购物中心儿童运动项目培训——轮滑

轮滑是儿童培训的项目之一，也是儿童教育的冰山一角。如果轮滑培训市场依旧在户外广场下运转，与购物中心儿童业态相比，势必会失去竞争力，加上天气、城市管理等外部因素制约，轮滑培训势必存在危机，唯有与购物中心共舞，才能占据一定的市场地位。

2. 时间规划在前

“凡事预则立，不预则废”。在做规划和时间的安排时一定要有预判，有些俱乐部的规划是长期规划，比如一年的规划，需要在年前制订好；也有的规划是短期的或者是暂时的，比如要举办比赛或者集训营。做事之前要有规划，有预判，这样才会使事情更有计划性，避免出现一些没有规划的草率事项。时间的规划主要有以下几种。

（1）年度规划

年度规划一般是对一年的工作或者一年的安排制订计划，比如针对俱乐部下一年主要侧重于哪些项目的发展与推广，从师资等各方面进行配备，包括场地配备、对参与培训的对象以及参与人数进行分析并制订计划。有些俱乐部主要发展自由式轮滑，所以在年度规划中，要以自由式轮滑为主；有些俱乐部主要发展轮滑球项目，在年度规划中就要以轮滑球的发展为主；有些俱乐部主要发展滑板项目，比如CG滑板，在年度规划中就要以滑板为主线进行规划。

（2）季度规划

季度规划是根据公司的安排或者俱乐部的年度安排、季节、赛事活动等对一季度的工作进行规划。由于重庆市天气原因，从当年11月份至第二年3月份阴雨连绵，气温较低，俱乐部学员较少，因而俱乐部可以加强教学、业务等能力的培训。

（3）短期规划

短期规划主要是近期的一些规划，比如说要进行一场赛事，对这个赛事的参与人数、参与规模、组织实施等问题都要进行计划和规划。短期的规划可以使眼前的事情得到更好的处理，把所有的事情联系在一起，会使俱乐部形成良好的作风。

3. 处事效率提升

做事情一定要讲效率，事情安排好了之后，在清楚事情主次的情况下，尽快着手把事情完成，“今日事今日毕”，不要拖拉或延误。有些俱乐部把事情进行交接或者安排后，相关人员会在计划的时间内迅速完成，即使事情完不成或者是有一些延迟，他们也会进行及时的反馈；而有的俱乐部无论是沟通或者对接，总是存在一些拖拉的问题，长此以往不利于俱乐部的发展，因此俱乐部在与家长或者是其他方面的对接中，需要提高效率。

4. 时间行为有效

这里的“时间”是指即将处理的事情所对应的时间点，比如说是俱乐部要给学生上课，教练就应该在约定时间提前到场，准备好上课所必备的一些器材和资料，这样家长才会认同俱乐部的上课时间和处理事情的行为作风。在处理其他事情时，一定要提前或者是准时，不要出现拖拉或者不按时到的现象。“行为”主要是指做事情一定要有标准，俱乐部在与家长沟通或者是给学生上课时，一定是按照要求或者是授课的内容规范上课，让家长认可教师或者教练的行为做法。

2.4.3 “俱”

1. 观念意识

在轮滑俱乐部发展中，有些俱乐部顺风顺水，有些俱乐部如履薄冰，有些俱乐部销声匿迹。发展思路观念和对市场捕捉的意识直接影响俱乐部发展方向。按照辩证唯物主义的观点，存在决定意识，但人们的意识却不是被动的，它可以积极地反作用于存在。这种积极的反作用对于新事物的产生和发展往往具有决定性意义。南开大学商学院王健先生在《从观念意识角度谈中国旅游业的国际接轨问题》中谈到，作为现代旅游产生和发展的观念意识基础主要有市场观念、以人为本观念、平等观念和法制观念四个方面，其实轮滑发展中俱乐部同样应“俱”备上述观念意识中的四个方面。

（1）市场观念

“顾客是上帝”。俱乐部要与市场需求相结合，与市场接轨，才能适应轮滑在市场经济下的作用。

（2）以人为本观念

以人为本的核心要点是以人为中心，承认并尊重人的个性、人格和尊严，尊重并满足人的合理需要和追求。俱乐部在发展中，对学员和家长的人文关怀，对校园轮滑发展的付出，都要以“人”为中心，因此俱乐部发展中要具备以人为本的观念。

（3）平等观念

平等观念与以人为本观念有着密切联系。人们的人格、尊严是平等的，只有平等才能显现出人格和尊严。俱乐部与协会之间、俱乐部与俱乐部之间、俱乐部与学校之间都是平等的；虽然俱乐部成员之间职务有高低之分，但人与人是平等的，俱乐部要在平等的基础上与协会、学校、家庭等协同发展。

（4）法治观念

法治观念的内容紧紧围绕立法、执法和守法三个要素。作为俱乐部需要做到的就是守法，在发展中遵守法律，在法律范围内经营。

2. 人力、物力

“人”是俱乐部的具体实施者，俱乐部执行团队从人数参与方面定义为单人、两人和多人。首先，单人主营的俱乐部，只有一个人负责招生、教学、活动组织等一切事务，这个人可以说是“全能复合型人才”。这类俱乐部在发展中，存在很大的不稳定性，由于规模小，费用来源少和运转难度大，容易在轮滑培训淡季倒闭，在轮滑培训旺季复苏。其次，两人主营的俱乐部，这类俱乐部只有一个管理者和一个教练员，若发展观念和时机较为成熟，很容易发展转入正式轨道。最后，多人主营的俱乐部，这类俱乐部在教练员安排、招生宣传等方面进行人员分工，团队力量大，发展稳定。南京凡立行体育毛宁先生在西南轮滑产业发展论坛中讲“如何打造团队”时，第一个就谈到人才的认知、挖掘和储备。其谈到，在合作或工作期间，通过人才的认知给予定位，通过人才挖掘激发斗志，通过人才储备更好地服务于团队。

在发展中“物”也是极为关键的，物可以分为硬件和软件。硬件为俱乐部发展中的场地、教学设施、门面装饰等，软件为俱乐部课程、管理方式等。在人力管理和实施下，俱乐部应使各种软硬件发挥最大功效。

3. 资质、资历

轮滑运动深受少年儿童的喜爱，人们生活水平的提高和家长的支持为轮滑俱乐部的迅速发展打下良好基础。在迅速发展过程中，俱乐部应具有运营资质，教练员应具有教练证等资历材料，但是一些俱乐部的运营资质和教练员资历存在问题。湖州师范学院陈新亚先生在《我国轮滑俱乐部现状的调查与分析》中对国内的俱乐部进行解读，指出我国绝大多数轮滑俱乐部可分为三类：第一类是“游击队”式的轮滑俱乐部，看到轮滑运动火热，经济效益好，几个人便自发地组织起来，在小区或者一些广场上找人员聚集、能吸引眼球的，又具有广告效应的平地，打起轮滑运动培训的招牌，游说过往的少年儿童报名参加。这种培训方式如同摆地摊，且大多以个体为主。这些轮滑“游击队”的教练大多是轮滑爱好者，没有经过上岗培训，一旦发生事故或纠纷则很难找到责任人。第二类是轮滑器材商店成立的轮滑俱乐部，为了促进销量增长，轮滑器材商店配备了轮滑教练，继而成立了轮滑俱乐部。但这样的轮滑俱乐部到工商、税务、体育部门登记备案，获得轮滑培训资质的仅占很少的一部分，可以说，完全是经济利益促使非法轮滑俱乐部成立的。这样的俱乐部管理难度也很大。对体育部门来说，它没有采取强制措施的权力；对工商、税务部门来说，由于轮滑俱乐部一般是在晚上活动，如同家教的形式，加上场地选择灵活，就相应地增加了管理的难度。由于市场难以规范，行业内竞争日趋激烈，且服务比较到位的正规轮滑俱乐部投入大，收费相对高于非正规俱乐部，因此一些正规俱乐部在短期内的竞争力反而不如非正规俱乐部。第三类是形成固定品牌的俱乐部，它们在运营资质、教练员资历等方面，形成一种在市场上有影响力的品牌。重庆市轮滑协会在会员单位中对轮滑俱乐部的规模和配备人员的资质数量、场地等进行量化评定，制定准入标准，对达到准入标准的俱乐部进行公示宣传，通过电视广播、报纸、宣传橱窗等新闻媒体向市民进行宣传，鼓励学员到正规的俱乐部进行轮滑学习，以保障我国轮滑俱乐部的良性发展。

2.4.4 “进”

1．进取精神

进取精神的内涵就是努力向上的精神。它是人们的世界观、人生观、价值观以及较高的文化素养、知识水平和创造能力等在事业上的集中体现。我国社会主义核心价值体系的精髓是以爱国主义为核心的民族精神和以改革创新为核心的时代精神。其中以改革创新为核心的与时俱进、开拓进取、求真务实、奋勇争先的时代精神，是推动时代发展进步的强大精神动力，是中华民族生生不息、继往开来的不竭动力。随着时代的发展，不断发生变化的轮滑俱乐部应不断丰富进取精神，提高责任意识和创新意识。一些轮滑俱乐部，只进行基础技能的传授，在事业发展、体育教育人格等方面认识不到位，对进取精神的重要性认识不够，俱乐部教练员和工作人员进取意识比较淡薄，需要进一步提高。

2．成果进步

俱乐部在推广过程中，对成果进行整理和宣传。轮滑俱乐部在培养学员技术时，在精神成果方面也要同步推进。2017年10月18日，习近平总书记在中国共产党第十九次全国代表大会上的报告中指出：“文化是一个国家、一个民族的灵魂。文化兴国运兴，文化强民族强。没有高度的文化自信，没有文化的繁荣兴盛，就没有中华民族伟大复兴。要坚持中国特色社会主义文化发展道路，激发全民族文化创新创造活力，建设社会主义文化强国。”同时还强调要“加强文物保护利用和文化遗产保护传承”。体育是文化的重要组成部分，体育的发展对“加快推进体育强国建设”“讲好中国故事，展现真实、立体、全面的中国，提高国家文化软实力”起着重要的作用。同时，《重庆市体育局关于印发〈昂首挺胸奔向新时代——重庆体育砥砺前行纪实〉大型画册编辑方案的通知》（渝体〔2018〕20号）中，强调抢救性保护全市体育系统重要图片历史资料，筹建重庆市体育历史博物馆之需，搜集、保存历年来重庆市各类极富文化内涵的体育照片，特别是展示近年来重庆体育砥砺前行昂首挺胸奔向新时代的生动画面，更是当务之急。因此，俱乐部在发展中，在刷新技术成绩的同时，记录和保存具有代表性的成果也具有重要意义。例如，飞鹰轮滑俱乐部应邀参加2018重庆市青少年新春晚会，这是轮滑项目第一次进入重庆青少年新春晚会，对于轮滑项目发展具有重要意义（图2.18）。

图2.18　2018重庆市青少年新春晚会

3. 事业稳进

事业稳进，主要体现为在同行业中的话语权和引领作用。一些俱乐部在当地形成了引领示范性作用，很多俱乐部纷纷加盟，形成一个强大的友盟链条。这些领先的俱乐部在协会、相关职能部门、赞助商前具有话语权，促进“强强联合”的效应。

第3章　赛事服务和培训交流

3.1 引　　言

东盟轮滑运动中心周杰先生在《学轮滑而已，为什么一定要参加比赛》一文中提到一个问题：有些孩子的家长一直不理解，孩子学习轮滑，为什么教练总会强调孩子一定要多比赛，还要坚持轮滑考级。通过分析，周先生给出了以下原因。

1．培养积极性和主动性

孩子参与比赛，就会为了提高成绩而积极地准备训练，从而培养孩子做事积极主动的性格。

2．培养竞争意识和促进学习

哪里有比赛，哪里就有竞争。孩子在比赛中能够培养竞争意识，找到差距和不足，从而促进学习。

3．塑造勇敢的个性和解放天性

在孩子面对困难与挫折时，家长需要引导他们逐渐战胜内心的恐惧，锻炼他们勇敢的性格，让孩子无畏的天性得到解放，进而培养孩子在面对公众与比赛时有一个坦然镇静的成熟心态。

4．挫折教育的最好方法

比赛本身就有成绩的优劣之分，在比赛活动中，总会有成绩不理想的、发挥失误的孩子，这时要引导孩子正确看待自己的失败，让他们客观认识到自己的水平与他人存在差异以激励他们在失败后重新再来，从而培养他们不屈不挠的顽强个性。

5．学会欣赏，排除忌妒心理

要让孩子学会欣赏别人的长处，但不要产生忌妒心理和失落感。要培养孩子拥有健康的心理、宽广的胸怀，从而让他们长大后做一个大度、善于理解别人的人。

6．寻找不足

比赛过程是相互学习交流的过程，通过比赛让孩子知道自己的不足之处，知道自己优秀的地方，不足的要改进，优秀的要保持，让孩子逐步完善自己的人格、提高自己的水平。

7．塑造自信的心态

比赛的过程对孩子很重要，而良好的比赛结果更是对孩子的肯定与鼓励，分享荣誉会让孩子有一定的成就感，成就感的产生就是自信心产生的开始，而自信心是孩子成长中必须具备和保持的一种积极的心态。

8．全面提高孩子身体素质

比赛能够使孩子获得知识与技能，使孩子的身体素质得到提高，能够培养孩子谦虚的体育精神，能够促进其身心健康发展。

9．深度开发孩子的智能

孩子在比赛中必须身体和大脑并用，这样不仅能促进他们左右脑的平衡发育，还会使孩子的思维能力、记忆力、注意力、观察力、想象力、创造力等方面得到全面的提高。

3.2　赛事服务

3.2.1　政策赛事活动

为贯彻落实《全民健身条例》和《重庆市全民健身实施计划》，推动群众体育活动蓬勃开展，重庆市体育局、重庆市直机关工委、重庆市总工会联合主办的重庆市全民健身运动会，从2010年至今，每年都如期进行。在全市广泛而深入地开展全民健身活动，切实让人民群众感受到了体育带来的健康和快乐，真正让广大人民群众享受到了改革开放的成果。运动和健身也逐渐成为“山城”人民生活的重要组成部分。根据重庆市体育局数据分析，重庆市经常参加体育锻炼的人数比例为43.78%，高于全国平均水平。国家体育总局《2014年国民体质监测公报》显示，重庆市的国民体质总体达标率为92.7%，排名全国第七（西部地区排名第一），国民体质综合指数也高于全国平均水平。随着十九大的胜利召开，改革的步伐不断推进，群众体育工作面临新机遇和新挑战。今后，重庆市体育局将紧紧抓住全民健身国家战略重大机遇，以构建公共体育服务体系为核心，以逐步解决群众体育发展不平衡不充分问题为抓手，进一步转变体育职能，改革创新，提高人民群众身体素质和健康水平，促进个人德智体美的全面发展。在重庆市体育局、重庆市直机关工委、重庆市总工会联合主办的重庆市全民健身运动会中，轮滑项目每届均持续参加，参与人数规模庞大。每一届运动会中都覆盖速度轮滑、自由式轮滑和轮滑球三个项目。

校园轮滑发展中，通过校园轮滑联赛、一般轮滑联赛等模式推动成果交流和展示。校园轮滑联赛和一般轮滑运动赛事既有共同点又有所不同：一方面，校园联赛的参与面更广；另一方面，校园联赛为技术水平较高的学生参与到正规轮滑运动赛事中提供了演练的平台。从2013年起，重庆市教育委员会主办的重庆市大中小学生轮滑比赛（图3.1），极大地推进了校园轮滑的发展。同时，重庆市教育委员会和重庆市体育局协同指导重庆市学生体育协会、重庆市轮滑协会共同组织各类各级轮滑竞赛，推进轮滑项目发展（图3.2）。

图3.1　重庆市大中小学生轮滑比赛

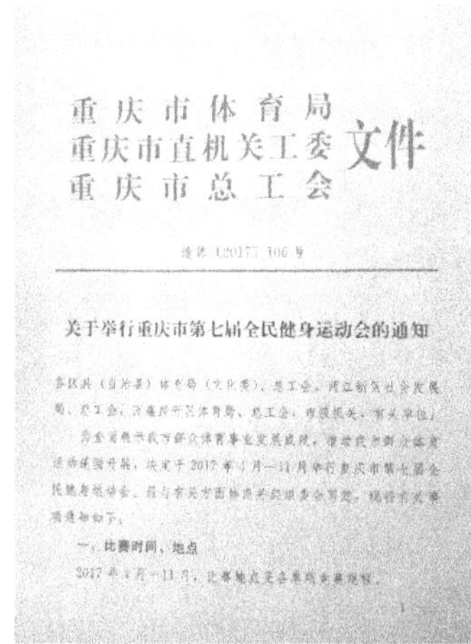

重庆市体育局
重庆市直机关工委 文件
重庆市总工会

关于举行重庆市第七届全民健身运动会的通知

一、比赛时间、地点

图3.2　重庆市全民健身运动会轮滑比赛

3.2.2　地方精品赛事

1. 西南区轮滑俱乐部大奖赛

重庆市轮滑协会自2015年起主办的西南区轮滑俱乐部大奖赛，是由重庆市大学生轮滑协会协同重庆第二师范学院和公司校企合作共同推进的轮滑赛事平台。2016年西南区轮滑俱乐部大奖赛由重庆市轮滑协会主办，重庆市大学生轮滑协会和重庆第二师范学院协办，重庆星联盟体育文化传播有限公司承办，472名选手经过为期2天的激烈比拼，最终决出了幼儿组、少年组、大学生组以及教练组四个组别共26个小项的冠军（图3.3）。这次比赛是重庆市轮滑协会首次举办的跨省市的大型赛事。而这仅仅是一个开始，在2017年西南区轮滑俱乐部大奖赛中，参赛人数近900人（图3.4）。

图3.3　2016年西南区轮滑俱乐部大奖赛

图3.4　2017年西南区轮滑俱乐部大奖赛

2．“舞渝轮比”大赛

“舞渝轮比”大赛是由重庆市轮滑协会主办，重庆大学生轮滑协会协办，重庆第二师范学院和公司校企合作共同推进的轮滑赛事平台（图3.5）。

图3.5　历届重庆市“舞渝轮比”大赛

3.2.3　任务赛事活动

为提高重庆市轮滑运动水平，完善高水平运动队伍的建设，在重庆市体育局和重庆市轮滑协会的支持下，重庆市轮滑训练培训基地正式启动重庆市轮滑队建队及队员选拔工作，各区轮滑协会、轮滑俱乐部及学校轮滑队伍按照选拔机制进行推荐。2015年10月，重庆市轮滑训练培训基地主办，重庆市大学生轮滑协会、重庆第二师范学院、重庆星联盟体育文化传播有限公司承办了2015重庆市轮滑队选拔赛（速度轮滑）。2017年4月8日，由重庆市体育局主办、重庆市轮滑协会承办的第十三届全国运动会重庆市轮滑代表队启动会议暨重庆轮滑代表队选拔赛在重庆第二师范学院轮滑场举行，本次比赛任务是选拔优秀队员进入重庆市轮滑代表队进行集训并代表重庆参加全运会（图3.6、图3.7）。

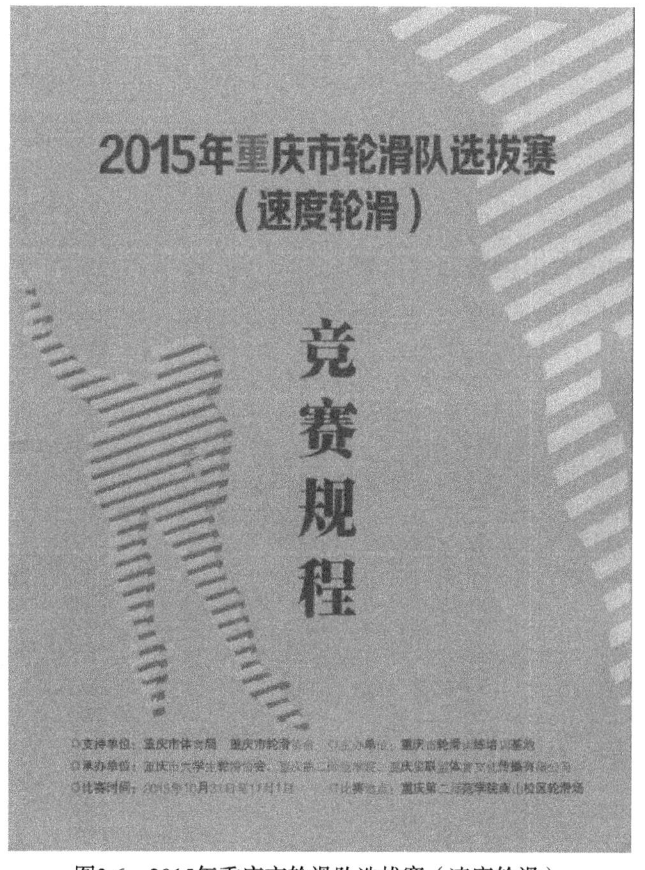

图3.6　2015年重庆市轮滑队选拔赛（速度轮滑）

图3.7　第十三届全国运动会重庆轮滑代表队启动会议暨重庆轮滑代表队选拔赛

3.2.4　综合赛事活动

1．邀请赛

为积极响应与践行“全民健身”主旨精神，倡导“健康生活”理念，打造“生态健康社区”，重庆市轮滑协会和重庆晚报组织了“紫金一品杯”重庆市轮滑邀请赛（图3.8）。此次比赛延续了重庆市体育局、中国核建•紫金一品及重庆晚报举办的“寻找民间健身达人”系列活动。

图3.8　“紫金一品杯”重庆市轮滑邀请赛

2．挑战赛

2017年6月23日～24日，“乐奇杯”重庆市首届极限运动挑战赛在乐奇世界盛大举行，为期两天的挑战赛吸引了重庆各地的专业极限运动员及爱好者，大家共聚一堂，为重庆市民呈现了一场精彩的竞技盛宴。在开幕仪式上，重庆市体育局党组成员、副巡视员陈玉林，重庆市体育局社会体育指导中心书记李涛，重庆万汇置业有限公司总经理田平，重庆市轮滑协会秘书长孟现录等领导参与了本次“乐奇杯”重庆市首届极限运动挑战赛活动。重庆市体育局社会体育指导中心书记李涛、重庆万汇置业有限公司总经理田平为本次挑战赛致辞。本次比赛虽然在天气欠佳的情况下举行，但极限运动员们克服了下雨带来的场地湿滑等困难，冒雨进行比赛，将极限进行到底，展现出了极高的竞技体育技巧和奥林匹克体育精神，获得了群众的连连称赞（图3.9）。

图3.9　“乐奇杯”重庆市首届极限运动挑战赛

开幕式现场，重庆市轮滑协会还与万汇·乐奇世界达成战略合作，今后双方将携手共同推进重庆极限运动事业的发展。重庆市轮滑协会秘书长孟现录在谈到与万汇·乐奇世界协同推进滑板极限运动并达成战略合作时说：“很高兴能与万汇·乐奇世界达成战略合作，我们双方在极限运动领域有着相同的理念，也有共同的决心。希望我们能携手把重庆的极限运动事业做好（图3.10）！”

图3.10　重庆市轮滑协会战略合作伙伴

3.2.5　区县赛事活动

1．合川区轮滑竞赛

2017年5月13日，在重庆市轮滑协会的支持下，由重庆市合川区文化委、区团委主办，合川区青少年活动中心、重庆市煌佳嘉体育用品有限公司（皇家轮滑）、中北滑启体育用品有限公司协办的2017年“合川煌嘉·梦想杯”轮滑赛开幕（图3.11）。本次比赛由协会、文化委、区团委、俱乐部和品牌公司共同参与，融合多方资源，体现出了协同参与在区县轮滑发展中的重要性。

图3.11　2017年“合川煌嘉·梦想杯”轮滑赛

2．万州区轮滑竞赛

2017年6月28日～30日，在重庆市轮滑协会的指导下，由重庆市万州区轮滑协会主办，腾马欢乐城、鲱鱼宝宝、贝蒂艺术教育中心支持的2017年重庆市万州区“腾马欢乐杯”轮滑公开赛在万州五桥腾马欢乐城举办（图3.12）。本次比赛的项目设置有自由式轮滑、速度轮滑、趣味钻杆、趣味团队拔河赛和轮滑球。此次比赛由重庆市轮滑协会负责指导，万州轮滑协会与其他行业协会共同参与比赛的组织与实施，凸显了轮滑行业与其他行业协同推进轮滑运动竞赛的意义。

图3.12　2017年重庆市万州区"腾马欢乐杯"轮滑公开赛

3．南岸区轮滑竞赛

为鼓励和推动青少年积极参加体育锻炼，增强体质，促进南岸区轮滑运动健康、有序地发展，提高轮滑爱好者的运动水平与兴趣，2016年12月24日，在重庆市轮滑协会和南岸区体育局的指导下，由南岸区轮滑协会主办，星联盟体育文化传播有限公司和美洲狮轮滑协办的重庆市南岸区轮滑球邀请赛在重庆江南体育中心体育馆正式开幕，此次比赛由重庆晚报、重庆时报、云动重庆、华龙网、天使妈妈网等提供支持。

4．垫江县轮滑竞赛

2017年6月23日～24日，在重庆市轮滑协会的指导下，由垫江县轮滑协会（筹）主办，垫江县新起航轮滑少儿培训班承办的2017年重庆市第三届轮滑"新起航杯"垫江站邀请赛成功举行。本次比赛以休闲、趣味轮滑项目为主，由轮滑协会和俱乐部协同完成，得到了家长的高度认可。轮滑竞赛并不一定均设置为技术竞技，通过带有娱乐性和趣味性的运动项目同样可以达到竞赛效果（图3.13）。

图3.13　2017年重庆市第三届轮滑"新起航杯"垫江站邀请赛

本次比赛项目如下。

1）装备穿戴速度比拼：参赛小朋友坐到凳子上，教练用口哨发令，家长从指定位置跑到小朋友面前，以最快的速度给孩子穿戴装备，穿戴完成后，小朋友再跑到家长出发位置。该分项活动以装备穿戴正确、速度最快者为胜。

2）钻杆趣味赛：参赛小朋友穿着轮滑鞋从指定位置出发，穿越横杆，并滑行到达终点。该分项活动以能穿越离地面最低的栏杆者为胜。

3）亲子接力赛：参赛小朋友穿着轮滑鞋、手握接力棒，从起点跑到终点（家长的位置），家长接过接力棒跑回起点。该分项活动以速度最快者为胜。

3.2.6　俱乐部赛事

1.“溜溜派对”轮滑联赛

2016年5月，“溜溜派对”轮滑联盟在重庆市九龙坡区华宇锦绣花城举办联盟赛，有来自渝北区、南岸区、北碚区、九龙坡区、巴南区、渝中区20多个教学点的200余名小运动员参加了比赛。比赛项目有辅助过桩、速度过桩、花式绕桩和速滑等，其中最吸引眼球的是花式绕桩，参赛运动员跟随着音乐绕桩滑行并做出各种难度动作，引来观众一阵阵尖叫声和掌声。联盟通过开展这种比赛活动，增进了各个教学点之间的相互交流学习，也增进了小朋友之间的友谊，使其在比赛中认识了对手，结交了朋友（图3.14、图3.15）。

图3.14　重庆市首届华宇锦绣购物广场轮滑大赛

图3.15　重庆市首届华宇锦绣购物广场轮滑大赛选手

2. 飞鹰轮滑俱乐部联赛

2017年，飞鹰轮滑俱乐部钻低杆挑战赛在飞鹰轮滑渝北校区举办。参赛选手为来自飞鹰轮滑李家沱校区、奥体校区、大坪校区、北碚校区、大渡口校区、金源校区、沙坪坝校区、九街校区和渝北本土校区的小运动员代表。本次钻低杆挑战赛吸引了将近100人参加。赛前，钻低杆挑战赛请来渝北陆地冰球队的小队员们为大家演示陆地冰球对抗赛，提升了现场的气氛。俱乐部开展多种有关轮滑运动的趣味性活动，不仅训练了学员的动作技能，也增强了趣味性（图3.16）。

图3.16　2017年飞鹰轮滑俱乐部钻低杆挑战赛

3．NEW FORCES亲子追逐赛

由重庆美全置业有限公司主办，重庆新势力轮滑培训有限公司（NEW FORCES）承办的2017“为爱前行、势不可挡”轮滑亲子追逐赛成功举行（图3.17）。本次比赛的宣传语是“机会来了，好玩又刺激，还在等什么”，本次比赛让更多拥有轮滑技能的小朋友发挥所长，进行技艺“大切磋”，培养了孩子的自信心和不断进取的精神，实现了他们展示自我、放飞梦想的美好愿望。

图3.17　2017“为爱前行、势不可挡”轮滑亲子追逐赛

3.3　培训交流

3.3.1　培训组织

2005年，中国轮滑协会制定了《轮滑教练员技术等级制度》，该制度在加强我国轮滑技术指导队伍的建设和管理，进一步促进轮滑运动的广泛开展，科学地引导人民群众参与轮滑活动，保障轮滑学习者、参与者的利益和安全等方面发挥了积极作用。

在任何领域，专业人才队伍都是关键性力量，他们决定着某一领域的成熟程度和发展质量。创新人才培养机制是保证优秀人才脱颖而出、吸引优秀人才进入轮滑项目领域的重要措施和手段。为此，中国轮滑协会进一步加强了《体育竞赛裁判员管理办法》和《轮滑裁判员技术等级实施细则》的贯彻落实，进一步修订了《轮滑运动员技术等级标准》。轮滑运动领域的裁判员、教练员、运动员技术等级制度已基本完备。仅2017年，中国轮滑协会批准和主办的教练员、裁判员培训班就有35个，这些培训班培养了大批优秀教练员、裁判员。这些制度对培养人才、推动项目可持续发展起到了重要作用。

案例一

【背景】

轮滑项目是亚运会和全运会的比赛项目，其中轮滑项目中的滑板运动又是奥运会项目，轮滑运动是集观赏性、健身性、竞技性于一体的运动项目。轮滑教练员是轮滑项目发展的核心要素，在运动人才的选拔以及训练计划的制订中起着不可忽视的作用。目前，轮滑项目在我国正如火如荼地开展，为此教练员、裁判员的培养极为重要。轮滑教练员除了通过比赛和网络工具进行交流、切磋以及自我提升技术外，还要多参加中国轮滑协会组织的培训，提升整体水平。

在国内针对教练员、裁判员的培训分三类。

第一类：中国轮滑协会主办（或批准）或与中国中学生体育协会联合主办的全国性质的培训班，以及省市级地方协会主办或者承办的培训班。例如，为了进一步推动轮滑运动的有序发展，培养全国中小学校园轮滑项目的骨干师资，促进轮滑项目在各级各类学校的普及与推广，为切实保障“2017年全国中学生轮滑锦标赛暨全国小学生轮滑夏令营”的顺利进行，中国中学生体育协会和中国轮滑协会于2017年5月3日～7日在江苏省徐州市举办了“2017 年中国中小学轮滑教练员培训班”（第二期）。中国轮滑协会官方网站也公示了全国轮滑等级教练员、裁判员培训班或者委托培训班，仅2017年一年时间，国家级培训班就举办了近35场（图3.18、图3.19）。

中国中学生体育协会

中体协〔2017〕35 号

关于举办“2017 年中国中小学轮滑教练员培训班”（第二期）的通知

各省、自治区、直辖市教育厅（教委）体卫艺处、学生体育协会：

为了进一步推动轮滑运动的有序发展，培养全国中小学校园轮滑项目的骨干师资，促进轮滑项目在各级各类学校的普及与推广，为切实保障“2017 年全国中学生轮滑锦标赛暨全国小学生轮滑夏令营”的顺利进行，中国中学生体育协会将于 2017 年 5 月 4 日—7 日在江苏省徐州市举办“2017 年中国中小学轮滑教练员培训班”（第二期）。具体事宜通知如下：

一、组织单位

（一）主办单位：中国中学生体育协会、中国轮滑协会

（二）支持单位：江苏省学生体育协会中小学校工作委员会、江苏省轮滑协会、徐州市云龙区教育体育局

（三）承办单位：徐州市云兴小学、徐州市轮滑运动协会

二、培训时间及地点

（一）报到时间：2017 年 5 月 3 日 19:00 前

（二）培训时间：2017 年 5 月 4 日～7 日

（三）培训地点：徐州市云兴小学

三、培训内容

（一）理论讲授

1. 国际、国内轮滑运动现状与发展趋势。
2. 解读中国轮滑协会五年规划主要任务。
3. 中小学轮滑课程设计。
4. 中小学轮滑教学大纲编写。
5. 撰写教学文件（教学进度、教案）。

图3.18　2017年中国中小学轮滑教练员培训班

图3.19　2017年全国轮滑等级教练员、裁判员培训班

第二类：地方协会主办或者大型俱乐部联盟举办的教练员培训班。例如，2017年5月6日、7日，由重庆市轮滑协会主办，重庆科技学院承办的重庆市轮滑球培训班。还有一些俱乐部或联盟根据教练员自身的情况进行自我提升的培训班，如星联盟轮滑球教练员培训班（图3.20），新体线轮滑俱乐部携手滑启速度举办的教练员培训班（重庆站）。只要培训能够促进轮滑俱乐部教练员教学质量和提升技能的，地方协会都给予支持和鼓励，地方协会、品牌商、俱乐部在培训教练员的工作上都会积极协同推进。

图3.20　重庆星联盟轮滑球教练员培训班

第三类：在国内运行的国际培训组织的培训。在重庆出现的国际培训组织主要为国际ICP轮滑认证教官培训、国际儿童感统教育协会ICS注册感统训练师培训和国际轮滑协会教练员培训（图3.21）。以ICS注册感统训练师培训为例分析：ICS由国内外资深感统教育专家、研究学者、儿童教育专家携手相关专业组织共同组建，是集儿童教育、课题研究、专业培训、行业交流于一体的培训组织。2014年，国际儿童感统教育协会设立中国内地代表机构，打破了地域与文化的差异，率先引进我国香港及国际感统教育先进理念，同时整合了全球的优质教育资源，加强了国内儿童感统教育行业的交流与协作。该协会多年来一直致力于推动儿童感觉统合教育行业的常态化、标准化和国际化，致力于为所有儿童的健康成长贡献力量。2015～2016年，该协会在国内举办以省为单位的感统专项培训30余场，普及课堂百余场，普及培训20 000余人次。ICS以专业和严谨的培训闻名，考核严格，协会为培训合格者发放证书，获得了业内普遍的高度认可。截至2017年年初，该协会已拥有600余名经培训考核合格的感统训练师、60余名感统测评分析师、10余名讲师，成员遍布中国除西藏及澳门地区之外所有地区。与该协会合作的感统训练室品牌有十余家，经该协会认证的幼儿园有近千家，器材类机构有十余家。同时，ICS设有专业的特殊儿童学校，享受国家补贴。在特殊儿童训练方面，ICS取得了显著的成果。

图3.21　国际培训组织的培训

【总结】

在中国的轮滑运动组织中，要加强管理人才队伍的建设，聘用受过系统培训的专业管理人员上岗，同时要提高裁判员水平，保证竞赛公平公正。在中国轮滑协会和中国中学生体育协会联合主办的中国中小学轮滑教练员培训中，参加培训的主要是中小学教师和俱乐部教练员，两者在技术水平和教授体育课程的系统性方面有所差异，他们集中在一起参加培训与交流，有利于相互学习与提高水平。重庆市轮滑协会在协助中国轮滑协会完成教练员、裁判员培训的同时，组织公益校园活动，组织轮滑俱乐部教练员走进学校传授技术，鼓励学校敞开大门迎接轮滑俱乐部教练。同时以重庆市南岸区上浩小学为典范，引导更多学校为轮滑项目打开大门，在“协会引导，俱乐部助力，学校配合”的结构中打造协同发展与前行的轮滑发展模式。同时，大型俱乐部或者联盟内部的教练员培训是俱乐部或联盟发展的需要，这需要相关组织、协会的支持来共同提升业内轮滑从业者的综合能力。

3.3.2　考级推广施行

专业运动员的技术水平需通过技术等级制度认证，最新的运动员技术等级制度由国家体育总局颁布，包括《运动员技术等级管理办法》（简称《管理办法》）、《运动员技术等级标准》（简称《等级标准》）及相关规定，其中《等级标准》在2010年3月1日实施。2014年中国轮滑协会颁发《轮滑运动员技术等级标准》，对速度轮滑、花样轮滑、轮滑球等项目从名称和标准上进行划分。国家体育总局于1999年下发了《关于在全民健身活动中推行业余运动员技术等级标准的通知》。随后，国家体育总局所属各运动项目管理中心相继颁发了田径、游泳、网球、羽毛球和乒乓球的业余等级标准。但是，业余等级标准沿用的是竞技运动的晋级制，凸显了依赖竞赛活动的特征，难以适应大众锻炼人群的健身习惯。

目前，很多体育项目培训中，晋级考核制度适合全民健身和业余运动员技术等级评价的市场需求。专业运动员的技术水平是对专业队员的认知和考核，全民健身中业余运动员的技术水平需要针对性强的晋级考核体系来完成测评。例如，跆拳道之所以在国内迅速发展并得到社会认可，主要原因之一是有统一、规范、明确的晋级、晋段审定管理制度——大众跆拳道管理制度。跆拳道的级位分为十级九段：级是入段位前的基础阶段，分为十个级位，十级最低，为入学级位，一级最高，为进段前级位；段是高级阶段，分为九个级别，一段最低，九段最高，为荣誉段位。跆拳道的晋级考核管理制度非常严格明确，对考试组织者资格、考核委员资格、申请者资格，包括申请者取得低一级的级位或段位的年限、习练跆拳道的时间、习练者的年龄都有具体的要求。同时，对于不同级、不同段位的考核内容，包括礼仪、品式、腿法、步法、实战、击破、特技等也都有详细、明确、统一的规定。跆拳道晋级、晋段考试体现了大众跆拳道在组织管理上的严谨、规范和统一，统一化、标准化、规范化的管理促进了跆拳道运动的国际化，使跆拳道运动迅速在世界范围内传播①。

由于国际轮滑联合会没有相应的管理制度，大众轮滑相关考级或者业余轮滑技术等级认证制度并没有规范化。目前，中国轮滑协会也在制定、完善轮滑业余锻炼标准，规范国内轮滑晋级或考级制度。轮滑考级同其他社会艺术考级一样，是适应社会发展需要的产物，其作用是对轮滑学员的轮滑水平提供规范、权威的鉴定，指出轮滑学员的缺陷和不足，给予正确的指导，使其技术水平在进一步学习中加以提高。它对加强国民素质教育，尤其是青少年素质教育具有积极作用。考级本身就是一个很好的学习过程，参与者在这个过程中既可以学习知识又可以获得考级证书，为以后的提升积累资本。

现阶段，国内的轮滑晋级考级主要包括以下几种。

1．国际轮滑教育协会轮滑等级考评

国际轮滑教育协会，是由中华人民共和国香港特别行政区政府批准成立的合法协会，具有独立法人资格，是以在世界各国以及中国内地推进轮滑教育为主要内容的国际性协会。国际轮滑教育协会总部设在中国香港，授权轮家（上海）文化传播有限公司为中国内地总执行，致力于推动轮滑运动教育的规范化和国际化、轮滑教练员职业化、轮滑培训考核标准化。国际轮滑教育协会轮滑等级考评项目有花式绕桩（表3.1）、速度过桩（表3.2）、速度轮滑（表3.3）、轮滑球和极限轮滑五个内容。

表3.1　花式绕桩考级内容

等级	考级内容·中桩标准				数量要求
1	Cross（交叉向前）	Snake（蛇行向前）	Nelson（尼尔森）	Fish（鱼行）	12桩
2	One Foot（单脚）	Mabrouk（攀藤）	X	Double Crazy	12桩

① 中国跆拳道协会会员官方网站．中国跆拳道协会国际段位管理办法［EB/OL］.（2010-08-24）［2018-02-15］. http://www. chntkd. org. cn/? thread-5538-1.html.

续表

等级	考级内容 • 中桩标准				数量要求
3	Stroll（漫步）	Mexican	Crazy	Back Double Crazy	12桩
4	Small Car（小汽车）	Xjump（X跳）	Crazy Legs（单桩太空步）	Volt	12桩
5	Eagle（蟹步）	Total Cross	Brush	Heel Toe Backward（后玛丽）	12桩
6	Special	Footgun（茶壶）	Wiper	Forward Wheeling（单轮向前）	8桩
7	Footspin	Flat（单脚摆摆）	Cross Korean Volt（天鹅）	Two Wheel Eagle（双轮蟹）	8桩
8	Kasakchok（茶壶跳）	Backward Wheeling（单轮向后）	Christie（天国）	Cobra（变态玛丽）	8桩
9	Sewing Machine（捅捅）	Toe Footgun（单轮茶壶）	Wheeling Shift（单轮摆摆）	lnside Forward（单轮转-前内刃）	8桩
10	Back Toe Footgun（向后单轮茶壶）	Butterfly（天鹅蟹）	Toe Wiper（单轮Wiper）	Flipping 360 Shift（单轮连续转体过桩）	8桩

表3.2　速度过桩考级内容

等级	速桩-12桩		速桩-20桩	
	男	女	男	女
1	5′30″	5′30″	6′50″	6′90″
2	4′75″	4′85″	6′10″	6′60″
3	4′45″	4′55″	5′80″	6′30″
4	4′15″	4′30″	5′50″	6′00″
5	3′85″	4′05″	5′25″	5′75″
6	3′65″	3′85″	5′00″	5′50″
7	3′48″	3′78″	4′80″	5′30″
8			4′60″	5′10″
9			4′45″	4′95″
10			4′35″	4′80″

表3.3　速度轮滑考级内容

等级	50m平面场地		100m平面场地		200m平面场地		200m带坡度的标准场地	
	男	女	男	女	男	女	男	女
1	2′42″40	2′44″40	2′30″40	2′32″40	2′24″40	2′26″40	2′18″40	2′20″40
2	2′00″20	2′02″20	1′52″20	1′54″20	1′46″20	1′42″20	1′40″20	1′42″20
3	1′42″00	1′42″00	1′32″00	1′34″00	1′26″00	1′28″00	1′20″00	1′22″00
4	1′14″20	1′24″20	1′08″40	1′18″40	1′02″00	1′12″40	56″40	1′06″40
5			1′02″20	1′08″20	56″20	1′02″40	50″20	55″20
6	无法在此场地实施		54″20	58″20	49″20	53″20	43″20	47″20
7			49″40	53″40	43″40	46″40	37″40	41″40
8							33″20	35″20
9	8、9、10级必须到标准场地实施考核						29″40	31″40
10							27″20	29″20

注：表中50m、100m、200m指比赛场地长度。

通过IISEA考级基本流程可以看出，IISEA轮滑等级考评流程①清晰，考核标准合理，在国内推动施行有效。IISEA考级基本流程见图3.22。

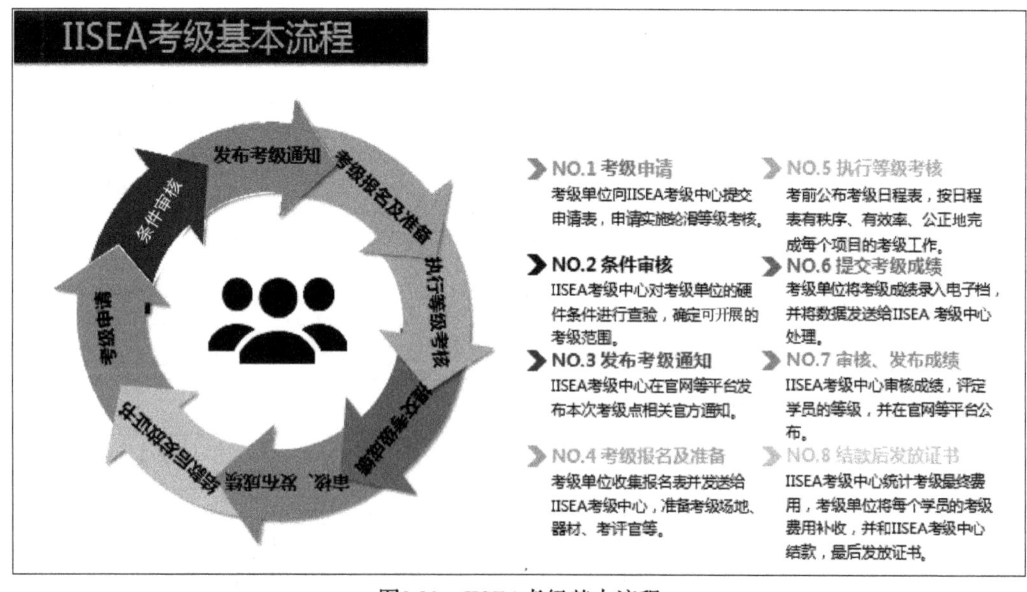

图3.22　IISEA考级基本流程

① IISEA轮滑等级考评资料由宁波金峰文体器材有限公司的刘亚飞提供。

2. 世界自由式轮滑协会教育机构考级

世界自由式轮滑协会教育机构WEO，提供专职自由式轮滑教育教学及认证服务，致力于提升轮滑爱好者的学习兴趣及传授正确的学习方法。WEO与中国轮滑协会携手，将开办面向全国各地的轮滑协会、教育与培训机构、俱乐部、学校等，建立当地的自由式轮滑考级点，从而使自由式轮滑爱好者可以就近参加考级。

WEO考级系统目前设有面向自由式轮滑爱好者的技能考级，以及面向自由式轮滑专业人员的考官考级①。

目前，WEO技能考级分以下几类。

小兔A段：1～4级，零基础幼儿考级；

小兔B段：1～4级，100m速度滑行；

猎豹A段：1～10级，12个桩的速度过桩（表3.4）；

猎豹B段：1～10级，20个桩的速度过桩；

白鹤A段：1～4级，花式绕桩入门级；

白鹤B段：1～10级，花式绕桩进阶级。

表3.4　猎豹A段等级考核标准

等级	男子	女子	参考费用/元
1	5′30″	5′30″	100
2	4′75″	4′85″	100
3	4′45″	4′55″	110
4	4′15″	4′30″	110
5	3′85″	4′05″	120
6	3′65″	3′85″	120
7	3′48″	3′78″	140
8	3′30″	3′60″	140
9	3′15″	3′45″	160
10	3′00″	3′30″	160

3. 地方协会考级

国内一些省市级轮滑协会制定和实施了考级制度，如重庆市、上海市、山东省以及江苏省的某些城市，其中重庆市轮滑等级考核制度是国内第一个在国家版权局进行

① WEO微信公众号官网. 关于WEO［EB/OL］.（2018-07-15）［2018-08-27］. http://mp.weixin.qq.com/s/RN_2JvSUEno38YdRJOac_g.

著作权登记认证，并在实施中得到重庆市体育局认可的轮滑等级考核制度。重庆市轮滑考级内容包括速度轮滑、自由式轮滑和滑板三个项目，轮滑球仍在规划中。考级制度鼓励地方协会和轮滑俱乐部学员进行考级，参加考级的学员可以参加一年一度的冠军赛。举办方列出每一年的纪录，鼓励学员通过考级和竞赛刷新纪录，促进地区竞赛水平的提高和轮滑运动普及范围的扩大（图3.23）。

图3.23　2016年重庆市轮滑运动技术等级考核（速度轮滑）

3.3.3　社会体育指导员

社会体育作为个人的一种活动，其地位与作用体现了社会对个人的影响。社会体育对于个人的意义是：首先，社会体育是人们的一种生活活动形式，即人们精神文化活动、社会交往活动和日常消费生活活动中的一种；其次，社会体育是满足人们生活需要的一种手段，无论是满足人们的生活条件的需求，还是保持人们的良好水平的精神状态、健康状况，都离不开社会体育；最后，社会体育在个人的全面发展中有着不可或缺的地位。

社会体育指导员是不以收取报酬为目的，向公众提供传授健身技能、组织健身活动、宣传科学健身知识等全民健身志愿服务，并获得技术等级称号的人员。截至2015年年底，全国登记注册的社会体育指导员达到200万人。全国每千人拥有的社会体育指导员约为1.28人，城市每千人拥有的社会体育指导员约为2.2人，农村每千人拥有的社会体育指导员约为0.2人。作为全民健身的宣传者、科学健身的指导者、群众活动的组织者、体育场地的维护者、健康生活方式的引领者，社会体育指导员的科学健身理念、健身指导水平对于推动全民健身事业的发展至关重要。因此，提高社会体育指导员健身技能水平，特别是科学指导水平，开展社会体育指导员技能展示与交流活动，对于调动广大社会体育指导员开展全民健身志愿服务的积极性以更好地服务大众具有重要意义（图3.24）。

图3.24　全国社会体育指导员健身技能培训

案例二

【背景】

为深入贯彻落实《全民健身条例》和《全民健身计划纲要》，认真落实公共体育发展服务，提高社会体育指导员工作、服务及技能指导质量和水平，树立公益性社会体育指导员无私奉献社会、热心服务大众的良好社会形象，重庆市体育局继续开展社会体育指导员培训和管理等工作。重庆市体育局关于开展2015年重庆市社会体育指导员培训等工作的通知如下：

重庆市体育局关于开展2015年重庆市社会体育指导员培训等工作的通知

渝体〔2015〕168号

各区县（自治县）体育局（文化委），北部新区社发局、万盛经开区体育局，有关直属单位、市级体育协会：

为深入贯彻落实《全民健身条例》和《全民健身计划纲要》，认真实施公共体育服务，奉行“奉献、服务、健康、快乐”的宗旨，为广大群众提供科学、便捷、高效的健身技能指导，同时，不断提高社会体育指导员工作、服务及技能指导质量和水平，树立公益性社会体育指导员无私奉献社会、热心服务大众的良好社会形象，根据《重庆市全民健身实施计划》和2015年全国群体工作会议精神，2015年我局继续开展社会体育指导员培训和管理等工作，现将具体事项通知如下。

一、社会体育指导员的培训

今年全市将继续培训各级各类社会体育指导员4500名以上。各地应进一步探索培训方式多样化，应重点加强基层培训工作，注重吸收基层中常年带领健身人群的骨干和带头人成为社会体育指导员，努力提高现有社会指导员的素质和业务能力。在每年培训总量不少于4500人的基础上，积极开展以传授单项或多项运动技能的继续培训，提升指导员技能水平和综合素质。各地应探索社会体育指导员与人群和项目运动结合新模式，支持具备条件的单项体育协会培训，审批具有专项技能的项目指导员，继续支持开展大学生村干部社会体育指导员项目技能培训工作，吸收大量有志于公益服务、热心体育指导的年轻人加入到社会体育指导员队伍中。

二、社会体育指导员的使用和服务

（一）上岗信息公开

社会体育指导员制度实施20多年来，在推动全民健身事业的发展中发挥了重要作用，已经成为我国一项重要的体育制度，社会体育指导员已经成为推动全民健身事业发展的重要力量和宝贵的人才资源。但是，目前还明显存在社会体育指导员上岗率偏低、直接从事指导工作数量不多、培训质量不高等问题。鉴于此，我们一是要积极探索政府购买社会体育指导员公益性岗位可能性，倡导有条件的区县可先行先试，摸索经验；二是要在互联网上开设社会体育指导员查找和预约功能，将社会体育指导员的指导项目、指导区域等信息公开。通过互联网平台进行整合，社会体育指导员能更加有效、便捷地为广大群众提供健身服务，使社会体育指导员真正发挥其科学健身引领作用。通过微信公众号关注“云动重庆”微信平台，网站www.cqsports.org（重庆体育网）登录“云动重庆”，下载“云动重庆”App（手机应用软件）三种途径可了解社会体育指导员个人信息。

（二）全民健身志愿服务

为进一步落实《建立全民健身志愿服务长效化机制工作方案》，推动全民健身志愿服务活动的普及开展，应做好以下几个方面的工作。首先，开展志愿服务活动要与大型体育活动同计划，与科学健身指导同活动，与服务基层相结合，形成示范性志愿服务活动带动经常性志愿服务活动的常态化局面。2015年，重庆市体育局在5个以上的区县深入开展志愿服务活动，各地也要自主开展全民健身志愿服务，重点向乡镇和社区倾斜，真正走入乡镇、社区，把科学健身方式送到老百姓的身边，并继续选派我市优秀社会体育指导员参加全国社会体育指导员志愿服务活动。其次，要充分利用“过大年”“全民健身日”“国际志愿者日”等节庆节点举办社会体育指导员展示活动，宣传全民健身理念，开展健身指导。再次，扩大全民健身志愿服务人员参与面，除了社会体育指导员，各地还应吸纳优秀运动员、教练员、体育科技工作者、学校体育教师和各高校中体育专业学生等参与志愿服务，特别是优秀运动员，给他们提供为社会服务的机会，并通过体育明星的号召力，吸引更多的年轻人加入健身人群之中，在提升志愿服务参与者形象的同时，提高社会对社会体育指导员的认同感和影响力。

三、社会体育指导员的管理

（一）注册与录入

“体育管理在线”是国家体育总局群体司唯一指定管理指导员的网站，是对各级各类社会体育指导员进行注册、晋升和审批的管理系统，分级管理权限分别在省市（一级）、地市或区县（二、三级），目前重庆市社会体育指导员在该系统注册近17 940人，远未达到现有社会体育指导员40 843人的注册数。该问题存在的原因一是部分区县体育部门对社会体育指导员工作不够重视，截至目前，仍有个别区县未启动此项工作；二是大部分区县体育部门从事该项工作的人员更换频繁，造成脱节，甚至出现没有人员从事该项工作的情况。这些问题直接影响我市社会体育指导员的注册总数，希望各区县体育部门高度重视此项工作，彻底改变这一滞后现状。

（二）晋升与审批

依托“体育管理在线”网站中的“社会体育指导员管理系统”，要求各级社会体育指导员都必须在“体育管理在线”网站中的“社会体育指导员管理系统”内进行登记注册和推荐晋升（三级晋升二级，二级晋升一级），凡未在网上进行推荐晋升的各级社会体育指导员，体育主管部门一律不予审批。各级体育主管部门要按照国家体育总局的要求，强化责任，规范对管辖范围内社会体育指导员的注册、管理和审批，及时更新指导员个人资料，接受各级体育行政部门的网上管理。

四、其他工作

（一）社会体育指导员素质大赛

2015年6月，继续选派优秀社会体育指导员组队参加第二届全国社会体育指导员素质大赛。

（二）社会指导员健身技能培训

2015年9月，选送部分优秀社会体育指导员参加全国社会体育指导员健身技能培训活动，以提高我市社会体育指导员的健身技能，项目有广场健身操舞、轮滑、跳绳、柔力球、健身秧歌。

（三）组织和站（点）建设

我市将探索在主城区、渝东北、渝东南、渝西四个片区与当地院校结合，建立社会体育指导员培训基地，利用体育院校师资力量，提升社会体育指导员培训水平，使培训人员真正得到理论和技能水平的提高，尝试建立社会体育指导员技能培训站（点），并在有条件的区县进行试点。

（四）社会体育指导员协会

各地应积极成立社会体育指导员协会，建立健全协会组织机构，开展协会各项工作。今后社会体育指导员各项工作将在各级体育主管部门领导下，逐步转由协会全面组织实施。

五、保障措施

各级体育行政部门要逐年递增社会体育指导员工作经费的投入，市体育局将继续以“送书送教”、购买公共服务等形式，对承担社会体育指导员工作任务的体育协会和区县体育部门进行经费投入，并加强绩效考核，注重实效性，对完成得好、群众评价高的协会和部门给予重点投入。

各区县（自治县）体育部门要积极行动，高度重视社会体育指导员工作，结合当地实际，充分发挥社会体育指导员在组织开展全民健身活动中的积极作用，研究制定有利于各级社会体育指导员开展工作的有效办法和保障措施，努力促进社会体育指导员队伍的管理创新，推动全市社会体育指导员工作健康有序发展。

【总结】

社会体育指导员是发展我国体育事业、增进公民身心健康、提高公民生活质量、建设社会主义精神文明的一支重要力量。这既是对社会体育指导员地位和作用的充分肯定，同时也表明了社会体育指导员对发展我国的社会体育事业负有重要的责任。自1993年我国推行社会体育指导员技术等级制度以来，到1998年我国约有10万人荣获各级社会体育指导员的殊荣。平均每2万多人拥有1名社会体育指导员。而日本总人口是我国人口的1/10，但各级各类社会体育指导员已达10万人，社会体育指导员占总人口的比例约为我国的10倍。

轮滑项目的社会体育指导员培训（重庆站）给轮滑运动项目带来了更好的发展契机。2017年7月11日，全国社会体育指导员健身技能培训（重庆站）在重庆第二师范学院举办，近200名一级社会体育指导员在这里进行了轮滑和排舞的培训，培训结束后他们将更好地对市民进行科学健身指导。本次活动是2017年我国香港赛马会助力全民健身公益系列活动的一部分。本次活动由国家体育总局社会体育指导中心、中国社会体育指导员协会与香港赛马会主办，重庆市社会体育指导中心、重庆市体育竞赛中心、重庆市轮滑协会和重庆第二师范学院共同承办，吸纳更多大众健身项目的骨干社会体育指导员参与其中，完成各站培训的教学工作，在扩充人才队伍建设的同时确保培训效果，切实提高了学员们的健身技能水平。

作为本次轮滑项目的培训老师，国际轮滑推广大使、重庆市轮滑协会秘书长孟现录接受了华龙网记者的采访。

记者：重庆市为什么选择轮滑（速度轮滑、轮滑冰球）这个项目进行推广？

孟现录：2022年冬季奥运会将在中国北京、石家庄举办，由于中国地区和天气原因，国家体育总局颁发跨项选材计划，轮滑是跨项选材项目之一，是实现三亿人上冰的“轮转冰”重要项目。而现在轮滑教练员和社会体育指导员紧缺，技术水平参差不齐，所以选择轮滑项目。

记者：重庆市轮滑运动开展情况、群众基础如何？

孟现录：近年来在重庆市体育局的领导下，轮滑运动得到了快速发展，重庆有轮滑俱乐部800余家，大中小学均有轮滑社团，每年举办重庆市各类各级轮滑赛事12场左右，每次比赛人数500余人，2017年上半年每次比赛参与人数均达到800人以上。

记者：此次培训有何特点？

孟现录：此次轮滑培训项目包括速度轮滑和轮滑冰球，特点是培训人员为轮滑俱乐部教练和社会体育指导员以及重庆市轮滑冰球队员，涉及人员全面，为参加第十三届全国运动会做好准备。

记者：培训项目日程具体怎么安排？

孟现录：培训具体安排如下。

速度轮滑：规范基本技术动作和竞赛技战术以及规则；

轮滑冰球：规范基本轮滑冰球攻运球、传接、射门技术以及规则。

记者：您这是第一次参加马会培训吗？有何感受？

孟现录：每年马会在重庆的活动我都有参加，作为一级社会体育指导员和国家级教练员，感谢国家体育总局、马会和市局搭建平台，组织大家共同提升技术，每次培训都是一次“再学习”，通过备课、授课、学员交流和评价，提升自身水平。每次都带一颗感恩的心参与国家体育总局和马会的活动。

记者：学员反响怎样？

孟现录：通过本次学习后，重庆市学员期待国家体育总局社会体育指导中心、中国轮滑协会和重庆市体育局把全国性质的轮滑比赛地点放在重庆市，因为重庆市有标准轮滑场地和群众基础，期待国家级比赛在重庆举行，打造品牌国家级轮滑赛事，通过赛事平台和马会活动让外界看到重庆轮滑的发展，更期待马会可以助力重庆完成全国轮滑比赛。

3.3.4　产业发展峰会

2016年，第一届西南轮滑产业峰会由重庆市轮滑协会指导，星联盟体育产业发展管理（重庆）有限公司主办，飞鹰、美洲狮等行业品牌支持，体现了协会、俱乐部和行业共同发展的愿景，成效显著。2018年1月23日，“红色盟友共创18”第二届西南轮滑产业峰会成功举办，本次峰会由重庆市南岸区体育局协同参与，在原来协会、俱乐部、行业的基础上扩大至体育主管部门，更加凸显各方协同的重要意义（图3.25）。

图3.25　“红色盟友共创18”第二届西南轮滑产业峰会

案例三

【背景】

随着家长对深度培训兴趣的日渐增加，轮滑培训市场需求的增大，轮滑产业在市场上加速发展。轮滑产业主要包括培训、销售、综合活动三部分，现在国内轮滑产业主要是培训。中国轮滑协会产业委员会主任顾卫峰先生在接受《中国体育报》采访时谈到："未来要利用轮滑引流，建立以轮滑为主的一站式综合性青少年培训体系来拓宽市场；推动俱乐部从休闲到专业培训的深度转化，完成更高产值要求，促进装备消费水平提升；协会方面将提升轮滑形象与附加值，从而使培训、装备、赛事'三驾马车'齐头并进，将轮滑产业发展提升到更高水平。"由于重庆秋季雨水多，培训由室外广场培训向室内培训转型。2018年1月23日，各方协同完成"红色盟友共创18"第二届西南轮滑产业峰会，具体峰会议程如下（表3.5）。

表3.5　"红色盟友共创18"第二届西南轮滑产业峰会议程

序号	内容	主讲人	时间（1月23日）
1	签到		8:30～9:30
2	播放视频/主持人介绍与会嘉宾	主持人	10:00～10:10
3	总经理开幕致辞	星联盟体育总经理何建敏	10:10～10:15
4	南岸区体育局领导致开幕式词	南岸区体育局领导	10:15～10:20
5	主题演讲：协同中发展	重庆市轮滑协会秘书长孟现录	10:20～10:40
6	脱口秀：职业教练员的道与义	国际轮滑联合会技术委员/中国速度轮滑国家队主教练贺鑫	10:40～11:00
7	专家分享：消费升级浪潮下的购物中心轮滑机遇	北京汉博赢创商业管理有限公司西南区拓展总监孙娜娜	11:00～11:20
8	专家分享：态度轮滑的跨区域运营之路分享	四川态度文化传播有限公司创始人廖川	11:20～11:40
9	专家分享：加速变化带来的轮滑培训市场的危机和机遇	星联盟体育总经理何建敏	11:40～12:00
10	合影		12:00
11	午餐午休	时间紧凑，午餐自理	12:00～13:30

续表

序号	内容	主讲人	时间（1月23日）
12	品牌视频播放	主持人	13:30～13:40
13	2017星联盟市场活动总结	星联盟渠道部经理韩承超	13:40～14:00
14	优秀经销商颁奖	主持人	14:00～14:20
15	专家分享：单店120万背后的秘密	飞鹰轮滑渝北店负责人邓松林	14:20～14:40
16	渠道产品简介1	星联盟渠道部经理韩承超	14:40～15:00
17	渠道产品简介2	郭丹family品牌创始人贺鑫	15:00～15:20
18	渠道新品简介3	星联盟体育总经理何建敏	15:20～15:30
19	超值的小卡片（年会感恩促销）	星联盟渠道部经理韩承超	15:30～15:35
20	茶歇		15:35～15:50
21	2018星联盟渠道市场计划	星联盟渠道部经理韩承超	15:50～16:10
22	星联盟体育平台化运营推介	星联盟体育总经理何建敏	16:10～16:30
23	专家分享：如何打造自己的团队	南京凡立行体育创始人毛宁	16:30～17:00
24	自由问答分享	主持人	17:00～17:30

【总结】

在本次论坛上，重庆市轮滑协会秘书长孟现录先生首次分享了“协同”的意义，其主题演讲“协同中发展”，从协会、家庭、俱乐部和学校四个方面分析了协同，尤其是俱乐部，可以用“与时俱进”四个字概括。“与”：与政府、协会协作；与同行、学校协同；与家庭接洽融合；与俱乐部内部、外部接轨。“时”：时代、市场需求同步；时间规划在前；处事效率提升；时间行为有效。“俱”：观念意识“具”有；人力、物力“具”有；资质、证书“具”备。“进”：进取精神；成果进步；事业稳进。国际轮滑联合会技术委员、中国速度轮滑国家队主教练贺鑫先生分享职业教练员的“道”与“义”，激发教练员的职业热情。北京汉博赢创商业管理有限公司西南区拓展总监孙娜娜给大家分享了消费升级浪潮下的购物中心轮滑机遇，特别是对轮滑培训由室外转向室内的分析极为详尽。四川态度文化传播有限公司总经理廖川先生带来公司管理经验，特别是通过现场列举轮滑俱乐部来剖析成本管控。最后，星联盟体育总经理何建敏，就加速变化带来的轮滑培训市场的危机和机遇，对轮滑产业中消费者、从业者和对轮滑培训的危机及机遇进行了分析，让俱乐部认清现在轮滑产业中遇到的问题，倡导轮滑产业在多方配合下携手同行。

第4章　结论与展望

4.1　打造轮滑旅游赛事

2017年7月，国家体育总局和国家旅游局印发《“一带一路”体育旅游发展行动方案》（以下简称《方案》），《方案》提出：“要在‘一带一路’相关区域形成一批精品体育旅游赛事、特色运动休闲项目、有竞争力的体育旅游企业和知名体育旅游目的地，到2020年，体育旅游人数占该地区旅游总人数的比重要超过15%。”《方案》指出：“体育旅游是体育产业与旅游产业深度融合的新兴产业形态，大力发展体育旅游是丰富旅游产品体系、拓展旅游消费空间、促进旅游业转型升级的必然要求，是盘活体育资源、实现全民健身和全民健康深度融合、推动体育产业提质增效的必然选择，对于培育经济发展新动能、拓展经济发展新空间具有十分重要的意义。‘一带一路’沿线国家和地区具有丰富的体育旅游资源，体育旅游发展潜力巨大。”《方案》从加大体育旅游宣传力度、培育体育旅游重点项目、加强体育旅游设施建设、促进体育旅游装备制造、推动体育旅游典型示范、发展体育旅游目的地、打造体育旅游合作平台、强化体育旅游智力支撑八大行动领域明确了20项行动措施，提出以新发展理念引领体育旅游产业跨越发展：① 体育旅游将丰富旅游产品体系、拓展旅游消费空间、促进旅游业转型升级，同时盘活体育资源、实现和全民健身的深度融合；② 政府将更多以引导和扶持为主，推进体育旅游的体系建设和行业监管。企业将成为体育旅游市场化发展的主体，借助于日益增长的体育旅游休闲需求快速发展壮大；③ 以“一带一路”为突破口，将加快国内沿线地区体育旅游资源的融合发展，推动与沿线国家体育旅游的深度融合，将体育旅游打造成文化交流的重要平台。培育赛事活动旅游市场，重点发展市场基础好的群众性体育赛事活动，促进体育赛事与旅游活动紧密结合。引导旅游企业推广体育赛事旅游，鼓励旅行社结合国内体育赛事活动设计开发体育旅游特色产品和精品线路。支持发展具有地方特色、民族风情特色的传统体育活动，推动特色体育活动与区域旅游项目设计开发、体育文化保护传承和民族地区的体育旅游扶贫相结合，打造具有地域和民族特色的体育旅游活动，分期分批推出“全国重点体育旅游节庆名录”。

同时，《重庆市体育局关于印发重庆市体育产业发展规划（2016～2025年）的通知》（渝体〔2016〕424号）中提到完善公共体育设施，以推进体育基本公共服务均等化为目标，加强基层体育公共服务设施建设，因地制宜配备健身步道、篮球场、足球场、乒乓球场、网球场、轮滑场、室外健身器械、健身广场等设施，满足群众多样化的运动健身需求。其中还提到重点发展竞赛表演业，深入挖掘竞赛表演市场潜力，促进赛事与市场融合，发展多层次、多样化的体育赛事活动，打造一批有影响力的国际性、区域性品牌赛事，形成独具特色的竞赛表演市场体系。

4.1.1　万盛经济技术开发区

万盛经济技术开发区（以下简称万盛经开区）是重庆市重要能源基地和唯一的旅游经济试验区，位于大娄山北麓，东接南川，西连綦江，南临贵州桐梓，北望山城重庆。古为夜郎国属地，现踞渝湘黔要冲，处于四川盆地向云贵高原过渡地带，典型的喀斯特地貌，“十里不同天”的高山垂直气候条件，这些孕育了万盛经开区丰富的旅游资源，如万盛石林、黑山谷国家AAAAA级景区等，在重庆市独树一帜。万盛经开区文化旅游资源绚丽多彩：全区有苗族、回族等近20个少数民族，民族民俗文化丰富；古夜郎文化源远流长；红苗风情耀眼巴渝；“五七干校”和“知青”遗迹更是丰富了当地的人文资源，此外，崖墓、石刻等人文景观也较丰富。

2017年12月14日，国家体育总局社会体育指导中心、重庆市体育局和重庆市万盛经开区管委会在重庆万盛正式签订共建国家轮滑（滑板）集训队、训练基地合作协议（图4.1），这标志着全国首个国家级全项目轮滑赛训基地正式落户重庆。整合集中轮滑10个项目，建立综合训练基地，这在全国尚属首例。这一基地未来将承担国家队训练任务，举办国际和国内全项目轮滑锦标赛和相关群众赛事，广泛开展项目培训与推广，还将面向大众开放。另外，这一基地将被打造为以轮滑为核心的极限运动体育园区，将集训练、竞技、表演、休闲、旅游等功能于一体。这一基地将举办全项目轮滑比赛，共设有花样轮滑、高山速降、轮滑回转、自由式轮滑、单排轮滑球、双排轮滑球、极限轮滑、滑板、速度轮滑、轮滑阻拦赛10个大项。国家体育总局社会体育指导中心主任范广升表示："重庆万盛作为国家资源型城市转型试点区，正在全力打造运动之城。万盛自然环境优美，地势以低山、低中山为主，兼有喀斯特丘陵、台地、平坝、山原，非常适于轮滑（滑板）等户外运动的开展。基地建成后，将把国家全项目轮滑的更多赛事和培训移植万盛。"万盛轮滑基地将依托已有基础建设轮滑场馆设施，建成投用后可开展所有轮滑项目的比赛和训练。轮滑被列为2020年东京奥运会的正式比赛项目，加之此前国家体育总局已启动"轮转冰跨项选材"计划，这些都为轮滑运动的发展带来了新机遇。轮滑赛训基地选址在万盛黑山镇八角户外运动中心附近，力争建成后成为具有标志性的极限运动体育旅游景观和相关产业的体育产业园区。万盛经开区负责人表示，借助国家全项目轮滑赛训基地的打造，万盛将迎来新一轮深化实施全民健身战略的机遇，这在推动群众体育、竞技体育和体育产业协同发展、互相促进、全面发力方面和推进万盛资源型城市转型发展中具有更大的历史意义。

图4.1 国家轮滑基地签约仪式

图4.1（续）

4.1.2　石柱土家族自治县

石柱土家族自治县（简称石柱县）位于长江上游地区，重庆东部、三峡库区腹心，是集少数民族自治县、三峡库区淹没县、国家扶贫工作重点县于一体的特殊县份。石柱县具有以下特点：一是交通便利，石柱县为渝东枢纽门户，是渝蓉地区通往华中和华东地区的重要通道；二是旅游资源丰富，集中体现为绿色生态、土家风情、历史文化三大特色；三是黄水国家森林公园里的大风堡原始森林、土家乐园毕兹卡绿宫、高原明珠“黄水湖”、中国一号水杉母树、天然画廊油草河等景区景点和喀斯特地貌大观园千野草场、明清古镇西沱云梯街、千年古刹银杏堂、秦良玉古战场遗址万寿寨等犹如一颗颗璀璨的明珠闪耀在长江三峡旅游黄金线上。

“风情土家喜见美景满目，五彩石柱笑迎八方宾朋”。众多美丽的景区、景点诠释着土家山寨丰富的旅游内涵。“巴渝新十二景”之一的“黄水林海”绿意盎然，让人目不暇接，空气中的负氧离子浓度极高，使其成为重庆市极佳的生态旅游、避暑休闲胜地；大风堡林木葱郁，遮天蔽日；千野草场一碧万顷，让人惊奇；西部名秀、土家大型歌舞《天上黄水》精彩纷呈，让人回味无穷；黄水药用植物园、毕兹卡绿宫和太阳湖、月亮湖、油草河、云中花都、薰衣草庄园、佛莲洞等众多旖旎美景美不胜收，让人赏心悦目。

石柱县在"最美中国榜"上也是赫赫有名。"最美中国榜"每年发布一次，拥有旅游业"奥斯卡"美誉。"2017最美中国榜"以"创新旅游新格局，融合旅游新业态，提升旅游新品质"为主题，围绕资源禀赋、发展创新、管理机制、生态绿色、文化底蕴、智慧旅游、特色品牌、休闲风尚、创意融合、配套服务、社会责任、大众满意度12个方面，对各参评城市、景区、旅游企业、特色节庆等进行综合评定，经网络公示、专家建言、大众关注、舆情监测等环节比对后，石柱县最终获评为"最美中国•目的地城市"。

在轮滑发展方面，石柱县南宾小学在县政府领导下，经中国共产主义青年团重庆市委员会、重庆市教育委员会指导，重庆第二师范学院教育帮扶，在轮滑项目方面取得了优异成绩。南宾小学轮滑队参加重庆市教育委员会主办的2017重庆市大中小学生轮滑比赛团体赛，经过三天激烈比拼，在轮滑球项目上获得冠军。这也是自重庆市开展轮滑球比赛以来，冠军第一次花落石柱县。同时，该校获得全国锦标赛参赛资格，代表了重庆市出征全国单排轮滑球锦标赛。南宾小学土家娃轮滑球队组建于2016年3月，共有20名队员，其中队员年龄最小的仅7岁。此次参加重庆市大中小学生轮滑球比赛，是该团队第一次出席市级赛事，虽然队员赛事经验都不丰富，但他们凭着不怕苦不怕累、初生牛犊不怕虎的精神，认真训练、出色发挥，最终不负众望，载誉而归。"在花式轮滑、速度轮滑等个人单项上，我校也取得了较好成绩。"南宾小学党支部书记周代国介绍，轮滑球队夺得冠军意义深远，这不仅充分展现了该校学生高超的轮滑技艺，也让石柱县成为第一个获得此项比赛冠军的区县。2017年8月，轮滑球队参加了在内蒙古鄂尔多斯市举行的2017年全国单排轮滑球锦标赛。"为进一步提升轮滑球队运动质量，我们还将加快轮滑场建设以及轮滑装备的配备，积极为轮滑球训练做好后勤保障，全力备战全国锦标赛。"南宾小学校长张建华表示，南宾小学将在县委、县政府和教育主管部门的关心支持和高度重视下，把轮滑和各类体育运动项目做精做强，并以此激发全县各中小学校开展体育运动，助力"康养石柱"建设。同时，张校长非常期待在南宾小学轮滑场修建完成后，石柱县可以举办全国轮滑赛事，打开推动轮滑、体育与旅游共同发展的新局面。

4.1.3　秀山土家族苗族自治县

秀山土家族苗族自治县（秀山县）位于重庆市东南部、武陵山脉中段、四川盆地东南缘外侧，为川渝东南重要门户。秀山县地处武陵山腹地，渝、湘、黔、鄂四省（市）边区接合部。东邻湖南省花垣、龙山、保靖三县，西南连贵州省松桃苗族自治县，北接重庆市酉阳土家族苗族自治县，东北角距湖北省来凤县仅20多千米。秀山县举办轮滑赛事地理位置优越，方便渝、湘、黔、鄂四省参赛。同时，秀山县是以土家族、苗族为主的少数民族自治县，且旅游资源相对集中，资源种类和数量较多。按照旅游资源国家分类标准，秀山县有一级旅游资源秀山花灯；二级旅游资源14个，包括苗王墓、龙凤客寨桥、保安渔洞、九溪十八洞起义遗址等；三级旅游资源24个；四级旅游资源43个。

2017年重庆市第七届全民健身运动会轮滑比赛在秀山县举行，比赛共吸引了来自重庆主城区和其他区县近400人参赛。本次比赛由重庆市体育局、中共重庆市直属机关工作委员会、重庆市总工会主办，重庆市轮滑协会、秀山县文化委员会承办，全面展示了群众体育事业发展成就，推动了群众体育活动蓬勃开展。

4.1.4　北碚区复兴镇

北碚区是重庆主城区，也是重庆大都市区之一，其位于重庆市西北部，是中国历史上第一个事先规划，逐步按计划建设的经济开发区。北碚区是市级风景旅游区、智力型清洁工业基地，也是中国西部第一个国家园林城区，曾荣获全国绿化模范城市、国家环境保护模范区、国家生态示范区、中国人居环境范例奖、全国首批国家可持续发展先进示范区等国家级荣誉，并被联合国人居环境署授予“迪拜国际人居环境良好范例奖”。北碚区拥有丰富、独特的自然和人文旅游资源，其“山岳江河，温泉峡谷，溪流瀑布，奇葩异卉”，展示了巴山蜀水幽、险、雄、奇的特色，拥有两个国家AAAA级景区，一个国家AAA级景区，一个国家AA级景区，有104处文物景点，其中24处列入省级或市级文物保护单位。北碚区现在已形成了以缙云山、北温泉为主的生态养生旅游线和以金刀峡、偏岩古镇、胜天湖为主的自然生态旅游线等成熟旅游线路。

复兴镇是北碚区的一个镇，距重庆江北国际机场18千米，交通便捷。北碚区复兴镇政府十分重视轮滑项目，计划将复兴镇打造成“重庆市轮滑特色小镇”。在复兴镇龙门社区，政府为轮滑教练和志愿服务队伍提供了免费的办公和室内训练场地以及一些必备的训练装备和服装，以让这支轮滑队伍真正走出复兴镇参加各种大型比赛，并把大型赛事请到复兴镇来举办。复兴镇于2015年10月成立了全民健身轮滑志愿服务队，8名志愿者利用假期和晚上空余时间为社区小朋友开展轮滑培训志愿服务，吸引了100多名学生参加，其中年龄最大的有10多岁，最小的只有3岁。在秀山县举行的重庆市第七届全民健身运动会轮滑比赛中，北碚区复兴镇轮滑队获得轮舞团队第一名，还取得了10个单项个人奖第一名，4个单项个人奖第二名，2个单项个人奖第三名等优异成绩。复兴镇能在全市夺得如此多的荣誉，得益于复兴镇政府对轮滑的高度重视。

北碚区复兴镇轮滑发展“三点一线”，始终把轮滑发展和社会需求相结合作为主线。首先，找准切入点，把好时间点，用好闪光点。复兴镇属于两江新区水土高新产业技术园区的重要组成部分，城镇化发展日新月异，人们的生活环境、娱乐方式都发生了巨大变化，人们需要一个较长的过渡期去适应这种变化。大人需要过渡，小朋友亦如此。一起长大的玩伴距离远了，原来一起爬树、掏鸟窝、捉蝈蝈，现在都不可能了，为此建设配套的儿童游乐场很有必要，而其又暂未发展起来。针对这种情况，结合轮滑特点，政府以小朋友为发展切入点，招募组建轮滑俱乐部，让小朋友认识新玩伴、放飞自由天性，这样小伙伴从三五个发展到十几个、二十几个，由此轮滑渐渐成为小朋友之间的友谊连接纽带，受到小朋友们的热烈追捧。其次，时间合理，学习健身两不误。小朋友会不会摔伤，学习会不会受影响都是家长要考虑的问题。是否让孩子学习轮滑？刚开始很多家长犹豫不决。为打消家长的顾虑，提高教学质量，俱乐部要求学员做好保护措施，并根据对轮滑技巧掌握的熟练程度，把队员分为初、中、高三个组，有针对性地进行训练。如此一来，不少家长由试试看的想法慢慢转变为积极支持的态度。为了达到劳逸结合、强身健体的目的，俱乐部坚持以晚上、周末为主开展训练活动，让小朋友合理安排时间，做到学习健身两不误。再次，开拓志愿者服务路线。2015年，复兴镇聚焦复兴需求和轮滑发展，在当地政府、学校的支持和鼓励下，开展志愿服务进校园、志愿服务进社区活动，成立全民健身轮滑志愿服务大队、复兴轮滑队，通过志愿服务让更多的小朋友了解轮滑、接触轮滑、喜欢轮滑。2016年，复兴轮滑队在重庆市教育委员会主办的学生轮滑比赛中脱颖而出，荣获小学团体第一名，2017年5月蝉联小学组团体冠军，2017年7月在全民健身运动会中荣获轮舞团队第一名，并获得若干个人奖项。2017年12月在北碚区志愿服务先进典型推选活动中，轮滑进社区被区委宣传部、区文明办评为“十佳项目”。最后，家庭支持很重要。轮滑得到了家长和社会的认可和好评。不少家长反映，自从孩子学了轮滑，天天窝在家里看电视、玩手机的情况减少了，身体素质强了，视力也不再下降，连感冒都很少。由于缺少沟通和交流，现在习惯“低头”的小朋友不在少数，习惯低头一方面是沉迷手机等电子产品，另一方面“低头”也反映了不自信，对外界不信任。普及轮滑，能让孩子有机会结交更多朋友，性格更加外向，更愿意和周围的人分享。家长经常带孩子出来参加比赛，不仅仅是为了名次、荣誉，更多的是为了增强孩子团队协作、承受挫折的能力，迎接挑战，增强面对未来的信心，实现孩子的人生价值。

党的十九大报告中指出，要广泛开展全民健身活动，加快推进体育强国建设。每一位体育人都将成为中华民族伟大复兴中国梦的见证者、参与者和奉献者。体育人要把自己对轮滑的爱好同群众需求、社会结合起来，在训练时影响孩子们热爱运动、热爱轮滑，让更多的人参与到轮滑健身队伍中来。“不忘初心，牢记使命”，通过轮滑进校园、进社区，政府有信心将复兴小学建设成为轮滑运动学校，将复兴镇建设成重庆市的轮滑运动特色小镇。

4.2　创新协会管理制度

4.2.1　创新赛事制度

创新赛事制度的具体内容如下：引导和鼓励规范各区县、学校、联盟和俱乐部举办的各类体育赛事市场化运作；鼓励社会力量投资赛事，举办各类体育赛事，创建自主品牌赛事；由政府举办的公益性赛事原则上采取购买服务方式办赛，逐步将政府购买服务方式推广到社会主体举办的商业性和群众性体育赛事中，允许赛事所有权归企业或区县体育协会所有；鼓励轮滑品牌商或者销售代表向组织、承办体育赛事的市场主体提供技术、规则、器材等方面的指导和服务；实施体育赛事评估制度，对引入赛事进行前期遴选评估和后期绩效评估，确保赛事经济效益和社会效益有机统一；加强赛事举办的事中事后监管，完善体育赛事和活动安保服务标准，推进安保服务社会化，进一步优化赛事环境，降低赛事和活动成本，防范赛事安全风险。

4.2.2　吸纳优秀成员

协会在发展中，不断完善机构设置、管理制度和组织实施计划；听取建议，不断革新，对优秀的轮滑从业者和爱好者进行考察和聘用，提升协会生命力；建立常态化的管理和服务机制，加强对体育培训机构的监管，规范培训市场经营秩序，推动轮滑项目广泛开展和良性发展。

4.2.3 建立梯队制度

轮滑项目已进入全国运动会、亚洲运动会、青年奥林匹克运动会和奥林匹克运动会（滑板），而重庆市轮滑队的梯队制度还存在空白。在以后的发展中，重庆市将学习其他省市优秀的梯队建设制度，确保重庆轮滑梯队良性发展。

4.3 巩固轮滑发展成果

4.3.1 推动校园轮滑活动

重庆市教育委员会和重庆市体育局携手推进“校园轮滑”赛事，鼓励修建场地和举办赛事，并将继续推动轮滑校园行活动和“中国轮滑运动示范学校”及省级示范学校的评选。

4.3.2 凸显固化成果优势

重庆市轮滑事业取得的成果有：在继续保持各类各级比赛运行的基础上，继续做好做精重庆市全民健身运动会轮滑比赛；重庆市体育局采纳的重庆市轮滑技术等级考核实施方案得到了国家知识产权局批复，重庆市将继续推进方案的实施；在轮滑科研方面，加强组织轮滑发展研讨会和分享会；其他的重要成果有重庆市轮滑协会会员单位权益得到了保障，每年的轮滑工作会议常态化开展为轮滑爱好者提供了交流的平台。

参考文献

中国跆拳道协会会员官方网站．中国跆拳道协会国际段位管理办法［EB/OL］．（2010-08-24）［2018-02-15］．http://www.chntkd.org.cn/? thread-5538-1.htlm.

漂移轮滑．家长必看|为什么要轮滑考级［EB/OL］．（2017-07-18）［2018-02-19］．https://www.sohu.com/a/158214529_697877.

后　记

2012年，我到重庆市工作，回顾这六年，庆幸之事颇多。

首先，感谢重庆第二师范学院江净帆教授的知遇之恩，心中感激之情难尽于此。同时，感谢重庆市轮滑协会张小波主席的信任，让我承担和参与协会的工作，在工作中，有幸与国家体育总局、教育部、中国轮滑协会、中国学生体育协会、重庆市体育局、重庆市教育委员会、轮滑俱乐部、轮滑联盟、品牌商、学校等轮滑主管和主体单位接触，深刻认识到“产教融合”和“应用型学科”建设的意义。

其次，要感谢在我研究生期间广州体育学院许铭导师对我的指导和教育，我一直将导师寄语“态度决定人生高度”作为座右铭，鞭策自己前进。在重庆工作后，我得到了重庆第二师范学院李采丰院长和魏曙光教授的教育和指导。我在编撰本书时对于题目一直存有困扰，李采丰院长给予我编写本书题目“协同中前行”的启发，感激之情难以言表。编撰过程中，魏曙光教授高深的理论认知体系和严密的科研作风，不仅给了我理论的指导，更对我继续研究轮滑的工作给予了启示与鼓舞。

再次，感谢国家体育总局社会体育指导中心和中国轮滑协会给予我参与国际级、国家级竞赛执裁和活动交流的机会，感谢教育部学生体育协会、重庆市学生体育协会以及其他各省、市级轮滑协会的支持。感谢全国各地轮滑俱乐部、品牌商，尤其是星联盟、斯凯汀、新体线、溜溜派对、新体乐、新势力、优秀、新起航、CG滑板、INWARD滑板等重庆轮滑和滑板俱乐部的大力支持。

最后，感谢我的夫人黄世艳。在本书撰写过程中，她给予我理解和帮助。

孟现录

2017年9月